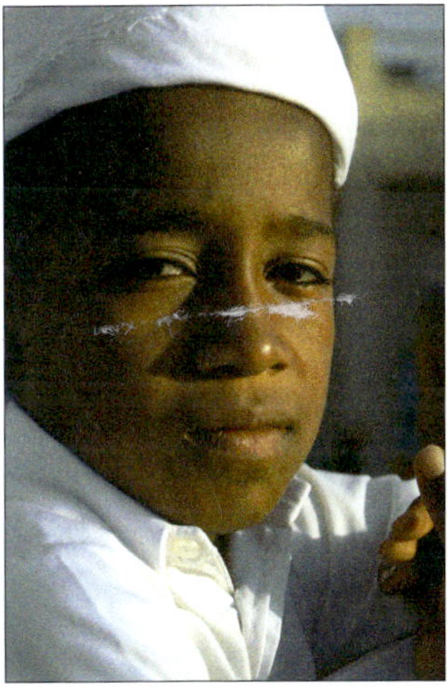

001ie Abb.: kk

Kirstin Kabasci

Islam erleben

„Es gibt nur eine einzige gewinnbringende Art zu reisen, und das ist die Reise zu den Menschen."

Paul Nizan, 1931

002ie Abb.: kk

Impressum

Kirstin Kabasci
Islam erleben
erschienen im
Reise Know-How Verlag Peter Rump GmbH
Osnabrücker Straße 79, 33649 Bielefeld

Gestaltung
Umschlag: G. Pawlak, P. Rump (Layout), K. Werner (Realisierung)
Inhalt: G. Pawlak (Layout), K. Werner (Realisierung)
Fotos: Kirstin Kabasci (kk), Kirstin Kabasci und Peter Franzisky (kf)

Lektorat
Klaus Werner

Druck und Bindung
Himmer AG, Augsburg

ISBN 978-3-8317-1007-2
Printed in Germany

Dieses Buch ist erhältlich in jeder Buchhandlung Deutschlands, der Schweiz und Niederlande sowie Österreichs und Belgiens. Bitte informieren Sie Ihren Buchhändler über folgende Bezugsadressen:

Deutschland
Prolit GmbH, Postfach 9, D-35461 Fernwald (Annerod)
sowie alle Barsortimente
Schweiz
AVA-buch 2000, Postfach 27, CH-8910 Affoltern
Österreich
Mohr Morawa Buchvertrieb GmbH
Sulzengasse 2, A-1230 Wien
Niederlande, Belgien
Willems Adventure
Postbus 403, NL-3140 AK Maassluis

Wer im Buchhandel trotzdem kein Glück hat, bekommt unsere Bücher auch direkt über unseren **Büchershop im Internet: www.reise-know-how.de**

Wir freuen uns über Kritik, Kommentare und Verbesserungsvorschläge.

Alle Informationen in diesem Buch sind von der Autorin mit größter Sorgfalt gesammelt und vom Lektorat des Verlages gewissenhaft bearbeitet und überprüft worden.

Da inhaltliche und sachliche Fehler nicht ausgeschlossen werden können, erklärt der Verlag, dass alle Angaben im Sinne der Produkthaftung ohne Garantie erfolgen und dass Verlag wie Autorin keinerlei Verantwortung und Haftung für inhaltliche und sachliche Fehler übernehmen.

Die Nennung von Firmen und ihren Produkten und ihre Reihenfolge sind als Beispiel ohne Wertung gegenüber anderen anzusehen.

Kirstin Kabasci
Islam
erleben

Inhalt

Vorwort

Der ↗Islam entstand auf der Arabischen Halbinsel in der ersten Hälfte des 7. Jh. Seitdem hat er sich zu einer bedeutenden Weltreligion entwickelt, zu der sich heute 1,5 Milliarden ↗Muslime bekennen.

Islam:
Deutsche Form für arab. „'Islām" = „Vollständige Hingabe an Gott".

Muslim:
Deutsche Form für arab. „Muslīm" = „der sich Hingebende (an Gott)". Anhänger des Islam. Weibliche Form = Muslima.

Da sich eine Vielzahl von Völkern mit einem mannigfaltigen Spektrum an Bräuchen zum Islam bekennt, kann es keine islamische Gesamtkultur geben. Muslime können Araber, Bantu, Berber, Fulani, Kurden, Malaien, Mauren, Perser, Slawen, Songhai, Türken, Tamilen, Usbeken und vieles mehr sein. Auch das Miteinander der einzelnen Volksangehörigen wird durch zahlreiche markante Unterschiede gekennzeichnet. Landbewohner, Städter, gebildete, moderne, traditionelle, kosmopolitische, orthodoxe, wohlhabende, arme, gottesfürchtige oder nicht so tief religiöse Menschen – alle leben ihren Glauben in unterschiedlicher Weise. Dennoch schafft das Glaubensfundament Islam viele verbindende Gemeinsamkeiten. Allerdings ist der Einfluss des Islam im gesellschaftlichen und politischen Gefüge von Land zu Land unterschiedlich stark.

Auch in Deutschland ist der Islam allgegenwärtig. Rund 3,4 Mio. Muslime leben hier – der Islam ist nach dem Christentum die zweitgrößte Religionsgemeinschaft. Dies hat zu merklichen Veränderungen im Alltag geführt. Es gibt ganze Stadtviertel, in denen Menschen islamischen Glaubens – zumeist türkischer Abstammung – wohnen. Frauen und Mädchen in traditionell islamischer Kleidung, insbesondere mit Kopftuch, begegnen uns tagtäglich.

Der Islam ist vor allem durch Migration nach Deutschland gekommen, nur wenige Deutsche sind zum islamischen Glauben konvertiert. Nachdem für viele Zuwanderer immer deutlicher wurde, dass Deutschland ihre Heimat ist – für Muslime der zweiten und dritten Generation ist dies ohnehin meist selbstverständlich – verstärkte sich das Bestreben, den Glauben auch öffentlich sichtbar zu leben und als Anhänger einer gleichberechtigten Religionsgemeinschaft in Staat und Gesellschaft Anerkennung zu finden.

Diese Bestrebungen treffen immer wieder auf Vorbehalte gegenüber dem Islam, die sich insbesondere seit den Terroranschlägen des 11. September 2001 deutlich verstärkt haben. Diese Tragödie verstärkte die Dringlichkeit des gegenseitigen Austauschs und des weltoffenen Umgangs mit Andersartigkeiten, doch Verständigung und Akzeptanz sollten nicht nur in Krisenzeiten, sondern im Idealfall als fortwährendes Alltagsverhalten gelebt werden.

In diesem Sinne soll dieses Buch zum religiösen und kulturellen Verständnis gegenüber dem Islam beitragen und Vorurteile abbauen. Sei es, um auf einer Reise in ein islamisches Land besser zu verstehen, wieso dieses und jenes anders ist und welche Fettnäpfchen zu umgehen sind, oder sei es aus Interesse an den Nachbarn zu Hause oder sei es aus bloßer Neugier.

Wissenschaftliche Islamtheorie in all ihren Finessen ist nicht Gegenstand dieses Buches. Vielmehr werden die Grundzüge dieser Weltreligion in übersichtlicher und allgemein verständlicher Form dargestellt. Zudem werden fremde Verhaltensweisen, die möglicherweise unlogisch und unverständlich erscheinen, erklärt. Davon abgeleitet erfährt der Leser, wie er sich adäquat verhalten kann. Angesichts der Breite der Thematik müssen viele Differenzierungen in diesem Buch außer Acht bleiben. Es gilt ebenso zu bedenken, dass das vom Islam propagierte Idealbild sicherlich nicht deckungsgleich mit der gesellschaftlichen Realität ist – wie in keiner Religion. Und: Nicht alles, was Muslime tun, muss auf den Islam zurückzuführen sein.

Kirstin Kabasci

Urlaub in der islamischen Welt?

Wichtige Weichen für spätere Urlaubserlebnisse werden bereits daheim gestellt: bei der Planung des Ziellandes, bei der Festlegung von Schwerpunkten, bei der Information oder Nicht-Information über das Urlaubsland.

Doch wohin die Reise auch geht, ein gewisses Maß an Vorbereitung und Information über die Grundzüge des Islam sowie die landestypische Kultur ist unbedingt empfehlenswert. So schnell, wie ein Flugzeug fliegt, kann sich niemand auf seine neue Umgebung einstellen. Man wird hineinkatapultiert in eine andere Welt mit neuem Klima, ungewohnten Gerüchen, unbekannten Klängen und fremden Regeln. Das „Normale" ist plötzlich einzigartig, das „Seltsame" alltäglich. Ein Kulturschock kann vorprogrammiert sein - doch Information, Verständnis und Akzeptanz sind wertvolle schocklindernde Gegengewichte und gehören in jeden Reisekoffer.

Und warum Urlaub im Islam? Ist der Sinn die Suche nach der Vergangenheit, nach bedeutenden kulturellen Monumenten oder nach einem Märchen aus 1001 Nacht? Je weiter von der jetzigen Zeit und der Realität entfernt, desto besser? Ist die Gegenwart im Reiseland nur eine unangenehme Randerscheinung, die in Kauf genommen werden muss? Soll orientalische Exotik sein wie die Prise eines starken Gewürzes, das nur wohldosiert zu genießen ist? Schmeckt das Mittagessen wirklich nur, wenn es nach deutschen Kochregeln zubereitet wird? Wer mit solchen Einstellungen in ein islamisches Land reist, wird sicherlich enttäuscht werden.

Wer jedoch offen ist für immer neue Begegnungen mit Menschen und dabei bereit ist, sich als gern gesehener Gast zu verhalten, wem es nichts ausmacht, in manchen muslimischen Ländern vielleicht auf Luxus zu verzichten, wer es liebt, traditionelle Orientalik zu erleben - der wird eine Reise in den islamischen Religions- und Kulturkreis als eine bereichernde Erfahrung empfinden.

Schreibweise arabischer Begriffe

In diesem Buch erscheinen einige zentrale arabische Begriffe des Islam und Eigennamen in einer vereinfachten Schreibform für arabische Schriftzeichen. Eine solche Transkription mit ähnlich klingenden Lettern oder Sonderzeichen ist nötig, da es im Arabischen Laute gibt, die im Deutschen unbekannt sind und für die es daher einfach nicht die passenden Buchstaben gibt.

Wer diese Worte möglichst arabisch aussprechen möchte, sollte folgende Regeln beachten:

sh	„sch" (wie im engl. „ship")
dj	„dsch" (wie im engl. „John")
th	scharf betonter, lispelnder „s"-Laut (wie im engl. „think")
dh	weicher, lispelnder „ds"-Laut (wie das engl. „this")
kh	wie „ch" in „Bach" (nicht wie in „ich")
gh	nicht gerolltes „r" (wie im franz. „rouge")
r	auf der Zungenspitze gerolltes „r" (wie im italien. „pronto")
h	immer auszusprechen (kein Dehnungslaut wie im Deutschen)
q	tiefes, aus der Kehle gesprochenes „k" (wie in „karg")
z	weiches, stimmhaftes „s" (wie in „Saft")
s	scharfes, stimmloses „s" (sie in „Gras")
'	Stimmabsatz (wie in „Be'amter")
-	lang betonter Selbstlaut. Alle anderen Vokale werden fast verschwindend kurz gesprochen.

Da keine allgemein gültige Transkription der arabischen Sprachlaute in unsere latainische Schrift existiert, kann es vorkommen, dass ein arabisches Wort in verschieden Büchern unterschiedlich geschrieben wird.

Arabische Begriffe, für die es bereits eingedeutschte Schreibweisen gibt, erscheinen in diesem Buch in der bekannten Form (z. B. Allah, Islam, Koran, Muezzin, Muslim, Scheich, Kalif ...) und werden nur einmal in arabischer Umschrift und Übersetzung erklärt.

Koranverse

Die in diesem Buch aufgelisteten ↗Koranverse folgen in ihrer Übersetzung, Zählung und Zäsur der von Rudi Paret vorgelegten deutschen Fassung im Kohlhammer Verlag, die sich an der offiziellen Kairoer Koranausgabe von 1924 orientiert. Einige ältere deutsche Koranübersetzungen weichen von dieser Übersetzung zum Teil erheblich ab.

Eine in diesem Buch beispielsweise als 6:9 bezeichnete Textstelle besagt, dass es sich um ↗Sure 6, Vers 9 handelt.

Viele sind beim Lesen von Koranübersetzungen verwirrt wegen der scheinbaren Zusammenhanglosigkeit der Verse innerhalb der Suren. Hunderte von Offenbarungen Muhammads aus über 20 Jahren zu den verschiedensten Themen stehen nebeneinander und nur Gelehrte können den Zusammenhang aufzeigen.

Sure:
Deutsche Form von arab. „Sūra“ = „Abschnitt“. 114 Kapitel des Koran. Jede Sure ist unterteilt in einzelne Verse.

Koran
Deutsche Form von arab. „Qur'ān“ = „lesen“, „vortragen“. Heiliges Buch aller Muslime, das Gottes Selbstoffenbarungen beinhaltet. Liturgievorlage beim Gottesdienst und bei Gebeten, Ursprung des islamischen Rechts und der Gesellschaftsordnung, Grundlage des klassischen Arabisch, Inspirationsquelle für Kunst und Literatur.
Der Koran wurde in die meisten Weltsprachen übersetzt. In der deutschen Sprache stammt die federführende wissenschaftliche Übersetzung samt Kommentar und Konkordanz von Rudi Paret. Ein Gefühl für die sprachliche Schönheit vermittelt am besten die Übersetzung von Friedrich Rückert.

003ie Abb.: kk

Der Islam – Bescheid wissen

Grundzüge des Islam

Muslime – Minderheit oder Mehrheit?

In vielen Ländern, vor allem in Nordafrika sowie im Nahen und Mittleren Osten, sind über 90% aller Einwohner Muslime und der Islam ist Staatsreligion. In anderen Gebieten, wie in Teilen Europas, Asiens und Schwarzafrikas, stellen Muslime eine Minderheit dar (siehe Karte Seite 18).

Muslim oder Mohammedaner?
Für Anhänger des Islam ist die Bezeichnung „Mohammedaner" deplatziert. Manche empfinden sie auch als Beleidigung, weil mit ihr die Stellung des Propheten Muhammad zu Unrecht überbetont wird.

Muhammad – Gottes Gesandter und Sozialreformer

Im heutigen Saudi-Arabien lebte vor ca. 1300 Jahren der Prophet ↗Muhammad. Er gilt als Stifter des Islam, denn ihm wurde von Gott das heilige Buch aller Muslime, der Koran, offenbart. Damit nahm die rasante Ausbreitung dieser Glaubens- und Lebenslehre ihren Anfang.

Muhammad: *Arab. „Der Gelobte".*

Im Jahre 570 n. Chr. wurde Muhammad ‘Ibn ‘Abdallāh in der Stadt Mekka im heutigen Saudi-Arabien geboren. Sein **Vater** ‘Abdallāh war Kaufmann, starb allerdings schon vor Muhammads Geburt, so dass er unter der Obhut seines Großvaters und später seines Onkels aufwuchs. Um seinen Lebensunterhalt zu verdienen, arbeitete Muhammad als Karawanenführer für die reiche Kauf-

005ie Abb.: kk

▲ *Muhammad in kalligraphischer Spiegelschrift*

Muslimische Bevölkerung
Russlan
Kasachsta
Usbekista
Turkmenistan
Rumänien
Bulgarien
Albanien
Griechen-
land
Türkei
Tunesien
Syrien
Irak
Iran
Afgh
nista
Israel
Jordanien
Marokko
Algerien
Libyen
Ägypten
Saudi-
Arabien
West
Sahara
Oman
Mauretanien
Mali
Niger
Tschad
Sudan
Jemen
Senegal
Guinea
Burkina
Nigeria
Äthiopien
Sierra
Leone
Somalia
Liberia
Elfenbein-
küste
Kamerun
Uganda
Kenia
Gabun
Tansania
Sambia
Moçam-
bique
Madagaskar
Simbabwe
Anteil Muslime
an Bevölkerung
bis 11 %
12–49 %
50–74 %
75–90 %
über 90 %

Kirgistan
adschikistan
China
akistan
Indien
Bangla-
desch
Myanmar
Laos
Thailand
Kambodscha
Philippinen
Sri Lanka
Malaysia
Papua-
Neuguinea
Indonesien

mannswitwe Khadīdja, die er später heiratete. Durch die weit reichenden Handelsverbindungen erhielt er schon früh Kenntnisse über andere Völker und Religionen.

Beduine: *Arabischer Nomade und Viehzüchter.*

Zur Zeit des Propheten waren die Bewohner der Arabischen Halbinsel zum größten Teil ↗Beduinen und streng in **Stämmen** organisiert. Doch gab es bereits Vereinigungstendenzen, die über den einzelnen Stamm hinausreichten. Erste Grundlagen für eine **Staatenbildung** waren die Entstehung einer gemeinsamen Literatursprache und eines Handelssystems mit Märkten und kleinen Städten. Der Islam wirkte mit diesen Tendenzen zusammen und dies um so leichter, als Christentum und Judentum hier kaum Fuß gefasst hatten.

Kaaba
Deutsche Form von arab. „Al-Ka'ba" = „Der Würfel". Heilige Stätte des Islam, würfelförmiges Gebäudeteil der großen Moschee im saudi-arabischen Mekka und wichtigstes Pilgerziel. Im Inneren der Kaaba liegt ein heiliger Stein, ein schwarzer Meteorit mit ca. 18 cm Durchmesser.

Die Stadt **Mekka** war ein bedeutender Umschlagplatz an einer Handelsroute, die von Südarabien ans Mittelmeer führte. Die ↗Kaaba in Mekka war schon in vorislamischer Zeit ein Heiligtum der Beduinen. Sie glaubten an eine übergeordnete Gottheit, die allerdings eine untergeordnete Rolle spielte und noch namenlos war. Eine größere Bedeutung hatten verschiedene lokale Götter. Der Glaube an ↗Allah, den einen und einzigen Gott, wurde zur zentralen Lehre des Islam.

Allah: *Deutsche Form des bekanntesten arabischen Namen Gottes, abgeleitet von arab. „Al-'Ilāh" = „der eine Gott".*

Im Alter von vierzig Jahren erschien Muhammad der **Engel Gabriel,** der ihm nach und nach die Worte Allahs, den Koran, übermittelte. Muhammad sah sich zunächst als Nachfolger der Propheten des Alten und Neuen Testaments. In den ersten Jahren wollte er vor allem ein Buch schaffen, das den heiligen Schriften der Juden und Christen entsprach und den Arabern endlich in ihrer Sprache die göttliche Offenbarung bringen sollte, die ihnen bislang vorenthalten war.

Als der Prophet begann, die **Lehren des Islam zu verkünden,** standen ihm viele Einwohner Mekkas feindselig gegenüber. Sie fürchteten, dass die Stadt ihre Position als Wallfahrtsort und Wirtschaftszentrum verlieren könnte.

Weil er in seiner Heimatstadt keine Möglichkeit sah, die neue islamische Wertordnung gegen die konservativ gesinnten Kreise von Priestern und Händlern durchzusetzen, zog Muhammad mit seinen Gefolgsleuten **622 n. Chr.** von Mekka nach Yathrib. Dieser Abwanderung wird in der islamischen Welt eine so große Bedeutung beigemessen, dass sie den **Beginn der islamischen Zeitrechnung** markiert (siehe Kapitel „Wissenswertes von A bis Z", „Kalender"). Yathrib wurde fortan „Medīnat an-Nabiyy" = „Die Stadt des Propheten" genannt, was sich später zu **Medina** verkürzte. Hier fand Muhammad schnell weitere Sympathisanten und er begann, feste Regeln für das Miteinander der Gläubigen aufzustellen.

Zeit der Ahnungslosigkeit
Araber bezeichnen die Zeit vor dem Einzug des Islam als „Al-Djāhiliyya" = „Die Unwissenheit".

Doch der Prophet wirkte nicht mehr nur als religiöser Führer, sondern er bemühte sich um den Aufbau eines **organisierten Gemeinwesens.** Er erhob sein Wort gegen den gesellschaftlichen und moralischen Niedergang der damaligen Zeit, in der Spannungen, Konflikte und auch Kriege zwischen den Stämmen an der Tagesordnung waren. Der Übergang von einer ↗matrilinearen zu einer ↗patrilinearen Stammesorganisation war in vollem Gange. Ein schweres Los hatten die Frauen zu tragen, denn sie galten zunehmend als eine Art Ware, die man kaufen, verkaufen oder vererben konnte.

Muhammad wollte nicht nur eine neue Religionslehre vermitteln und soziale Ungerechtigkeiten beseitigen, er hatte auch die Vision, das zerstrittene zentralarabische Stammeswesen zu Gunsten

Matrilinear:
Griech. / lat. für Mutterrecht, die Herrschaft der Frau und Mutter in Familie und Gesellschaft. Die Abstammung wird nach der mütterlichen Linie betrachtet.

Patrilinear:
Griech. / lat. für Vaterrecht, von der herrschenden Stellung des männlichen Familienoberhauptes geprägte Sozialorganisation. Die Abstammung gilt nach der väterlichen Linie.

einer großen **„Gemeinschaft aller Gläubigen"**, der **„'Umma"**, zu überwinden.

Der Konflikt mit den Bewohnern seiner Heimatstadt Mekka gipfelte im Krieg, der mit dem **Sieg des Propheten** und seiner Anerkennung als Führer endete. Muhammad ließ die in der Kaaba stehenden Götzenbilder zerstören. In der Folge breitete der Islam sich innerhalb kurzer Zeit über fast die gesamte Arabische Halbinsel aus. Zeitweise geschah dies durch Kämpfe und Eroberungen, zum Teil wurde der Glaube freiwillig angenommen.

Moschee: *Deutsche Form von arab. „Masdjid" = „Ort des Sich-Niederwerfens". Raum des Gebets und Zentrum des sozialen Lebens der Muslime.*

Muhammad starb nach einer kurzen Fieberkrankheit im Jahre 632 im saudi-arabischen Medina und wurde dort in der ↗Moschee begraben, die seitdem allen Muslimen heilig ist.

005ie Abb.: kk

▶ *Blick auf den arkadengesäumten Innenhof einer Moschee*

Frauen und Männer im Islam

Dem Koran nach sind Frau und Mann aus einer Seele erschaffen und gegenüber Gott gleich. Sie haben dieselben ethischen und religiösen Pflichten. Sie ergänzen und schützen einander gegenseitig (Koran 4:1, 33:35, 9:72-73). Diese Gleichheit vor Gott schließt dem Islam nach allerdings nicht aus, dass ihnen unterschiedliche Aufgaben und soziale Stellungen zugewiesen wurden. Vor der Islamisierung waren - anders als heute - viele zentralarabische Stammesverbände matrilinear organisiert. Etwa ab 400 n. Chr. geriet diese Organisationsform ins Wanken.

Eine göttliche Offenbarung besagte, dass Frauen die Priorität des Mannes in Gesellschaft, Familie und Ehe anerkennen müssen. Im Koran, 4:34 ist die männliche Überlegenheit als Wille Gottes fixiert und wird durch stärkere ökonomische und psychische Kraft begründet: „Die Männer stehen über den Frauen, weil Gott sie (von der Natur vor diesen) ausgezeichnet hat und wegen der Ausgaben, die sie von ihren Vermögen gemacht haben …“. Damit war das Fundament für eine patriarchalische Gesellschaftsordnung gelegt. Mit dem Übergang zur väterlichen Erbfolge setzte es sich auch immer mehr durch, die Frau in die Familie des Ehemannes einzugliedern.

Dennoch verbesserte der Islam die gesellschaftliche Position der Frauen beträchtlich. Er erkannte ihnen nicht nur Pflichten, sondern auch Rechte zu, insbesondere das Recht, ihr ganzes Leben versorgt zu sein (siehe Kapitel „Familie“). Anders als zuvor musste nun bei einer Eheschließung die Frau erst einwilligen und das alte Recht des Ehemannes, seine Frau jederzeit zu verstoßen, wurde eingegrenzt. Um sicherzugehen, dass die Frau zum Zeitpunkt der Trennung nicht schwanger war, galt eine Scheidung erst nach einer Wartezeit von drei Monaten als endgültig vollzogen.

Frauen durften neuerdings eigenständig Güter besitzen und erben, einen Beruf ausüben und selbst vor Gericht ziehen. Die zuvor gängige Praxis, weibliche Nachkommen nach der Geburt zu töten, wurde untersagt und Frauen durften als Schutz und Zeichen der Ehre einen Schleier tragen, der sie von offenherzig gekleideten Sklavinnen und Tänzerinnen unterschied (siehe Kapitel „Interessantes von A bis Z“, „Kleidung“).

Kalifate – die Zeit nach Muhammad

Nach dem Tod des Propheten im Jahr 632 n. Chr. entbrannte ein **Streit** um die Führung der Gläubigen, da er keine Söhne hatte und keinerlei Verfügungen für seine Nachfolge hinterlassen hatte.

Die ersten vier ↗**Kalifen,** die das religiöse und politische Amt Muhammads fortführten, hießen Abū Bakr, 'Umar, 'Uthmān und 'Alī. Sie werden auch die „Rechtsgeleiteten" (arab. „Ar-Rāshidūn") genannt.

Kalif
Deutsche Form von arab. „Khalīfa" = „Stellvertreter", „Nachfolger". Titel für die Nachfolger Muhammads in der Regentschaft über das arabische Großreich.

Kalifat
Herrschaftsform der Kalifen.

In nur 50 Jahren nach dem Tod des Propheten breitete sich der neue Glaube bis zum heutigen Afghanistan im Osten und bis Libyen im Westen aus, wenig später sogar bis auf die Iberische Halbinsel.

Es gab verschiedene Gründe für diese **rasche Ausbreitung.** Vor allem gelang es, die zuvor zerstrittenen Stämme zu vereinen, die fortan gemeinsam im Dienste Allahs kämpften. Der Islam schaffte zudem, Elemente anderer Kulturen, wie der hellenistischen, persischen und indischen, aufzunehmen und zu etwas Neuem zu verschmelzen. So taten sich auch die Besiegten leichter, die neue Religion anzunehmen. Der Ausbreitung kam aber auch zugute, dass die mächtigen Reiche der damaligen Zeit – Persien, Byzanz und Rom – gegen große innere Probleme anzukämpfen hatten bzw. im Untergang begriffen waren.

Um die Führung des islamischen Reiches gab es immer wieder Zwist. Nach **Ermordung des dritten Kalifen, 'Uthmān,** im Jahr 656 schwand die Einheit der Gläubigen und es folgten lange Bürgerkriegsjahre. Der Meuchelmord am vierten Kalifen, 'Alī, dem Vetter und Schwiegersohn des Propheten Mu-

Nachfolger Muhammads

Für die politische Entwicklung des Islam war es eine große Belastung, dass der Prophet Muhammad keinen Sohn hatte. Nach seinem Tod konnte man sich noch auf eine Nachfolgeschaft aus dem Kreise der Gefährten einigen. Eine Generation später wollte die Familie des Propheten nicht länger darauf verzichten, die islamische Gemeinschaft selber zu führen. Die Prophetentochter Fātima - sie war das einzige Kind, das ihren Vater überlebte - hatte 'Alī geheiratet, der nach dem Tod des dritten Kalifen seinen Machtanspruch durchsetzten konnte.

hammad, im Jahr 661 führte zu einer bis heute fortwährenden konfessionellen **Spaltung des Islam** in Sunniten und Schiiten. Streitpunkt war und ist, ob als Kalif nur ein Blutsverwandter des Propheten in Frage kommt. Die Sunniten betrachten dies, anders als die Schiiten, als nicht notwendig.

Die **Sunniten** stellen heute einen Anteil von über 85 % der muslimischen Weltbevölkerung. Die Unterschiede zwischen diesen beiden Hauptzweigen des Islam sind kleiner als die zwischen den christlichen Konfessionen.

Nur ca. 10–15 % aller Muslime gehören der Glaubensausrichtung der **Schiiten** (arab. „Shī'a 'Alī" = „Partei 'Alīs") an. Die meisten leben im Iran sowie in Teilen Iraks, Afghanistans, Indiens und des Jemen. Schiiten erkennen nur den Kalifen 'Alī als rechtmäßigen Nachfolger Muhammads an und glauben (anders als die Sunniten) nicht, dass der Prozess der göttlichen Offenbarungen mit dem Tod Muhammads abgeschlossen ist. Auch die Nachkommen aus der Familie des Kalifen 'Alī ermöglichen ihnen Erkenntnisse vom Willen Gottes.

Islamische Blütezeit und Untergang

Nach dem Tod des Kalifen 'Alī wurde die Amtswürde erblich. Es folgte zunächst ab 661 die Dynastie der ↗**'Umayyaden** in Damaskus und ab 750 die der ↗**Abbasiden** in Bagdad. Die gesamte islamisch okkupierte Welt erlebte eine kulturelle und wissenschaftliche Blütezeit. Arabische Gelehrte übersetzten zahlreiche Bücher des antiken Griechenland und entwickelten deren Kenntnisse weiter.

'Umayyaden
Dynastie, die direkt nach den ersten islamischen Eroberungen ab Mitte des 7. Jh. für etwa hundert Jahre in Ägypten und im Nahen Osten herrschte; Hauptstadt war Damaskus.

Abbasiden
Herrschaftsgeschlecht und Kalifat, das seine Abstammung auf einen Onkel Muhammads, zurückführte. Im Jahre 750 stürzten die Abbasiden die 'Umayyaden und stellten bis 1258 den Kalifen. Sie beherrschten ein Großreich, das zu seiner Glanzzeit von Pakistan bis Marokko reichte. Hauptstadt war Bagdad.

Mamluken
Seit 1250 Machthaber über Ägypten. Nach der Zerstörung Bagdads durch die Mongolen übernahmen sie wenig später das Amt des Kalifen. Hauptstadt war Kairo. 1517 mussten sie den Osmanen weichen.

Doch den Abbasiden gelang es nicht, ihr riesiges Reich zusammenzuhalten. Die Herrschaft der abbasidischen Kalifen ging unter, als 1258 die Mongolen Bagdad eroberten. Zwar eigneten sich die Sultane der in Kairo herrschenden ↗**Mamluken** die Kalifenwürde an, doch das Amt besaß bei weitem nicht mehr das einstige Ansehen.

Im frühen Mittelalter herrschte zunächst noch eine große Toleranz zwischen den drei ↗Buchreligionen (siehe auch Kapitel „Interessantes von A bis Z", „Buchreligionen"). Doch diese endete mit den **Kreuzzügen,** welche die Befreiung der heiligen christlichen Stätten zum Ziel hatten. Schon bald nach Beginn des ersten Kreuzzuges 1095 wurde Jerusalem gestürmt und ein Blutbad unter der muslimischen und jüdischen Bevölkerung angerichtet. Dies war der Beginn der offenen Feindseligkeiten zwischen Muslimen und Christen. Den Rittern

Buchreligionen: *Judentum, Christentum, Islam.*

◀ *Halbmond und Stern: Symbole des Islam*

des Kreuzes ging zwar 1291 die letzte Bastion in Palästina/Syrien verloren, doch die Glaubensfehden setzten sich fort: Die Rückeroberung Spaniens, die 1492 mit der Einnahme des südspanischen Granadas endete, wurde von Verfolgungen, Zwangstaufen und der Vertreibung von Muslimen und Juden begleitet.

Kaum hatten die Europäer die Muslime im Westen verdrängt, sahen sie schon eine neue Bedrohung von Osten heraufziehen. Nachdem die ↗**Osmanen** 1453 die Herrschaft des byzantinischen Reiches gebrochen hatten, tauften sie Konstantinopel in Istanbul um und eroberten binnen kurzem

Osmanisches Reich

Von Anfang 1300 bis zum 1. Weltkrieg von der türkischen Familiensippe der Osmanen eingenommenes Gebiet, das zeitweise fast gesamt Nordafrika, den Nahen Osten, Teile der Arabischen Halbinsel und den Balkan bis Österreich umfasste. Hauptstadt war Istanbul.

den Nahen Osten. 1517 besiegten die Türken auch die bis dato in Kairo machthabenden Mamluken und der Osmanensultan übernahm das ohnehin nur noch nominell existierende Kalifenamt.

Das türkische Weltreich umfasste im 16. Jh. nahezu die gesamte arabische Welt – außer Teilen der Arabischen Halbinsel und Marokkos – und reichte zeitweise bis vor die Tore Wiens. Doch mit der zweiten (erfolglosen) Belagerung der österreichischen Hauptstadt im Jahre 1683 hatte die Macht der Türken ihren Höhepunkt überschritten. Sie mussten sich aus Europa zurückziehen. Obwohl sie Christen nur in Ausnahmefällen zur Konvertierung gezwungen hatten, hinterließen sie in Albanien und Bosnien große muslimische Gemeinden.

Mit dem Fall des osmanischen Reiches begann für viele muslimische Länder die **Zeit der Kolonialisierung.** Sie hatten den Anschluss an die moderne Entwicklung verloren – die jahrhundertelange Überlegenheit der islamischen Welt wandelte sich in Rückständigkeit gegenüber Europa. Mitte des 18. Jh. übernahmen die Briten die Macht in Teilen Indiens. Die Franzosen landeten zunächst 1798 in Ägypten, dann eroberten sie 1830 Algerien und 1881 Tunesien. Marokko wurde unter Frankreich und Spanien aufgeteilt, Ägypten fiel an die Briten, Libyen an die Italiener. Diese Entwicklung setzte sich nach der endgültigen Vernichtung des Osmanenreiches im Ersten Weltkrieg auch im Nahen Osten und auf der Arabischen Halbinsel fort. Fast alle arabischen Länder befanden sich schließlich in Abhängigkeit von europäischen Großmächten.

Der **Erste Weltkrieg** ließ das osmanische Reich endgültig zusammenbrechen, 1922 dankte der letzte Sultan ab, die Türkei wurde Republik. Zwei Jahre später ließ Präsident Mustafa Kemal Atatürk das **Kalifat aufheben.** Seitdem fehlt dem Islam das faktische und religiöse Oberhaupt.

Nach der Phase der Fremdherrschaft, die erst im Laufe des 20. Jahrhunderts endete, ist die islamische Welt in viele **Nationalstaaten zergliedert.** Einige davon sind auf der Suche nach der eigenen nationalen Identität. Verweltlichung, Trennung von Religion und Staat, aber auch soziale Probleme sind die Ursachen für die immer lauter werdende Forderung nach einer **Rückbesinnung auf den Islam,** die in manchen Fällen im Fundamentalismus gipfelt. Viele Länder durchleben politische, wirtschaftliche oder gesellschaftliche Instabilität.

Religion und Lebensphilosophie

Das arabische Wort „'Islām" bedeutet „vollständige Hingabe, Ergebung und Unterwerfung in den Willen Gottes". Religion und Leben lassen sich im Islam nicht voneinander trennen, denn der **Alltag soll gelebter Glaube sein.** So wäre es für einen Muslim unmöglich, seine Frömmigkeit distanziert vom normalen Leben, z. B. in Klöstern, zu praktizieren.

Der Islam gibt konkrete **Richtlinien für nahezu jede Lebenslage:** Regeln der Körperreinigung, Almosenvorschriften, Speise- und Getränkeverbote, Erziehungsleitlinien, Grundsätze der Rechtsprechung und Staatsführung, gesellschaftliche Aufgaben von Mann und Frau sowie natürlich Glaubensinhalte. Damit ist der Islam weit mehr als „nur" eine Religion.

Der Islam ist streng ↗monotheistisch ausgerichtet, es gibt **nur einen Gott,** der aber derselbe ist, an den auch Christen und Juden glauben.

Monotheistisch: *Griech. = Glaube an einen einzigen Gott.*

Muhammad ist der **Gesandte Gottes,** also ein Mensch wie alle anderen Menschen (Koran 41:6). Er wird nicht als Sohn Gottes angesehen, da Gott nach islamischer Vorstellung keine Kinder haben kann.

Gottes schöne Namen

Muslime beschreiben Gott mit 99 Namen, so etwa „der Barmherzige", „der Verzeihende", „der Milde", „der Mächtige", „der Weise", „der Frieden", „das Leben"... Im Koran (7:180) werden Muslime zum Ansprechen Gottes mit all diesen so genannten „schönen Namen" aufgerufen. Symbolisch dazu haben Gebetsketten - allgegenwärtig in den Händen der meisten Muslime - 33 Perlen. Sie drei Mal durch die Finger gleiten lassen steht für die 99 Titulierungen Gottes.

007ie Abb.: kk

▶ *Die 99 Namen Gottes auf einem Wandteppich*

Der Koran – heiliges Buch aller Muslime

Die wichtigsten Grundsätze des Islam sind im Koran, dem heiligen Buch aller Muslime, niedergeschrieben. Er besteht aus **114 Suren,** die weder historisch noch thematisch geordnet sind. Vielmehr ist ihre Reihenfolge durch ihre Länge bestimmt: Mit Ausnahme der ersten Sure stehen die längsten am Anfang, die kürzesten am Ende des Koran.

Die **erste Sure** (arab. „Al-Fātiha" = „Die Eröffnende") ist zugleich eine der wichtigsten und in der Bedeutung mit dem christlichen Vaterunser vergleichbar. Die auch „Sure des Lobpreises" genannten Verse sind zudem für ihre Poesie gerühmt, die allerdings in der deutschen Übersetzung verloren geht:

„Im Namen des barmherzigen und gnädigen Gottes.
Lob sei Gott, dem Herrn der Menschen in aller Welt,
dem Barmherzigen und Gnädigen,
der am Tag des Gerichts regiert!
Dir dienen wir und dich bitten wir um Hilfe.
Führe uns den geraden Weg,
den Weg derer, denen du Gnade erwiesen hast,
nicht (den Weg) derer, die d(ein)em Zorn verfallen sind
und irregehen!"

Der Prophet Muhammad empfing die Inhalte des Koran als göttlichen Offenbarungen (Koran 6:92) über einen Zeitraum von 23 Jahren. Die **Chronologie der Bekenntnisse** der einzelnen Suren war jedoch in den meisten Fällen umgekehrt als die spätere Reihenfolge im Koran: Die kürzeren Kapitel gehörten zu den ersten, die längeren empfing Muhammad erst später in Medina. Zu Lebzeiten des Propheten gab es noch keine schriftliche Aufzeichnung des kompletten Koran. Erst unter den Kalifen wurden die Texte gesammelt und es dauerte bis Anfang des 20. Jh., bis eine von allen Muslimen akzeptierte Fassung erschien.

Die Inhalte des heiligen Buches wurden **von Gott selbst offenbart** (Koran 69:43: „... eine Offenbarung vom Herrn der Menschen ..."). Muhammad war im Grunde ein „Sprachrohr". Der Koran ist für Muslime das unverfälschte Wort Gottes und besitzt absolute Autorität.

Basmala

Alle Koransuren mit Ausnahme der 9. beginnen mit der arab. „Basmala", der wichtigen muslimischen Glaubensformel, die im Arabischen lautet „Bi-smi llāh ar-rahman ar-rahim" und übersetzt werden kann mit „Im Namen Gottes, der barmherzige und gnädige". Frommen Muslimen liegen diese Verse nicht nur beim Rezitieren von Korantexten auf den Lippen sondern auch, um in alltäglichen Situationen göttlichen Beistand zu erbitten, sei es vor einer langen Reise oder in einem wichtigen Brief.

Der Koran gibt neben religiösen Leitlinien auch **lebenspraktische Dinge** vor. Es ist bestimmt, was Muslime essen und trinken dürfen (z. B. kein Schweinefleisch und keinen Alkohol, siehe Kapitel „Tischsitten"), dass Männer maximal vier Ehefrauen haben dürfen (was zur Zeit des Propheten eine Beschränkung bedeutete, siehe Kapitel „Familie", „Vier Frauen für einen Mann?!"), das Verbot des Zinses, was Frauen anziehen sollten (siehe Kapitel „Interessantes von A bis Z", „Kleidung") und vieles mehr. Auch die ↗Scharia, die klassische islamische Rechtsordnung (siehe Kapitel „Interessantes von A bis Z", „Scharia"), basiert auf dem Wort Gottes.

Scharia: *Deutsche Form von arab. „Sharī'a" = „Weg", „Straße".*

Der Koran wird nicht nur wegen seiner Inhalte geschätzt, sondern auch wegen seiner Sprache. In den Augen vieler ist das heilige Buch zugleich ein **Meisterwerk der Prosa.** Dieser literarische Rang gilt als ein Beweis für seinen göttlichen Charakter.

Es ist nicht einfach, **Korantexte** zum einen treffend und zum anderen sinngemäß sowie verständlich aus dem Arabischen zu **übersetzen.** Ganz abgesehen davon, dass die sprachliche Brillanz verloren geht. Viele Sinngehalte sind schwer zu übertragen, etliche Ausdrucksformen und grammatikalische Konstruktionen sind im Alltagsdeutsch (oder auch in anderen Sprachen) nicht gebräuchlich. Für viele Begriffe gibt es keine gleichwertigen und eindeutigen anderssprachigen Ausdrücke. Nahezu alle Übersetzungen bergen daher eine Interpretation. So steht das arabische Wort „Rahman“ allein für die Barmherzigkeit und Gnade Gottes, während das deutsche Wort „Erbarmen“ auch eine menschliche Eigenschaft sein kann. Deshalb erkennen Muslime den Koran nur in Arabisch an und weltweit wird er nur in der arabischen Sprache gelehrt (siehe Kapitel „Interessantes von A bis Z“, „ Arabisch“).

Ruhmeswert – Koran abschreiben

Für Muslime gilt es als besonders verdienstvoll, einmal im Leben den kompletten Koran von Hand abzuschreiben (völlig fehlerfrei!) oder ihn gar auswendig zu lernen.

071ie Abb.: kk

◀ *Devotionalien des Islam: Koran, Gebetskette und Mekka-Abbildung*

Sunna – Worte und Werke Muhammads

Für Sunniten sind neben den Worten Gottes im Koran die Taten und Zitate Muhammads religiöse Richtschnur und wichtige Quelle des islamischen Rechts. Diese **Lebenspraxis des Propheten** nennt sich ↗Sunna.

Sunna: *Deutsche Form von arab. „Sunna" = „Tradition", „Brauch".*

Alles, was Muhammad gesagt, getan oder geduldet haben soll, wurde anhand von Zeugnissen seiner Gefährten zu Berichten zusammengetragen. Im 9. und 10. Jh. wurden sechs mehrbändige Sammlungen katalogisiert. Diese Zusammenstellungen nennen sich **↗Hadith** und gelten als eine Art **„Gebrauchsanweisung"** für Religion und Alltäglichkeiten. Ein Hadith fordert beispielsweise beim Essen zum Benutzen der Finger der rechten Hand auf, andere beschreiben Grußformeln und Gebetsriten oder geben Hinweise zu vorteilhaften Schlafstellungen. Auch heißt es: „In der Eile liegt keine Tugend" und „Der Beste unter euch ist derjenige, der eine Frau am besten behandelt."

Hadith: *Deutsche Form von arab. „Hadīth" = „Überlieferung".*

Die Lebenspraxis des Propheten Muhammad hat zugleich großen Einfluss auf die **Interpretation des Koran.** Unter den Gelehrten hat sich die Meinung durchgesetzt, dass der Text des Koran nur auf der Basis der Sunna zu verstehen ist. Daher werden für unklare göttliche Offenbarungen oft Hadith-Überlieferungen zur Interpretation hinzugezogen.

Imam
Deutsche Form von arab. „'Imām" = „Anführer", „Vorbeter". Wohlunterrichteter Muslim, der das gemeinsame Gebet leitet, Gelehrter des Islam, hoher Würdenträger.

Schiiten erkennen die Sunna auch an. Sie wird aber relativiert durch die Lebenspraxis des Kalifen 'Alis. Daneben ist für Schiiten auch das Wirken ihrer religiösen Würdenträger und Nachfahren 'Alis, der ↗Imamen, von großer Wichtigkeit.

Die Moschee – keine Wohnung Gottes

Die Moschee ist der zentrale Ort des muslimischen Glaubens. Der arabische Begriff „Masdjid", aus dem sich „Moschee" ableitet, bedeutet übersetzt „Ort des Sich-Niederwerfens", also **Ort des Gebets.** Daneben sind Moscheen auch ein Platz zum Sammeln und Besinnen und haben eine wichtige soziale Funktion als **Treffpunkt der Gläubigen** zum täglichen Gespräch. Moscheen sind nicht in unserem Sinne „heilig", so ist auch die dortige Atmosphäre meist nicht mit der in Kirchen zu vergleichen. Grüppchen von angeregt diskutierenden Gläubigen oder vereinzelt schlafende Personen sind keine Seltenheit.

▲ *Moschee (hier aus Lehm) - Ort des Gebetes und Treffpunkt der Gläubigen*

Für Moscheen ist keine bestimmte **Bauform** vorgeschrieben. Es kommt dafür jeder Raum in Frage, der im Inneren rituell rein (siehe S. 94) und von außen allen Muslimen zugänglich ist. So sind auch

011ie Abb.: kk

012ie Abb.: kk

Minarett
Deutsche Form abgeleitet von arab. „Manāra“ = „Ort des Lichtes“. Ein an Moscheen angegliederter Turm, von dem aus (live oder via Lautsprecher) zum Gebet gerufen wird.

einfache Gebetsräume, die sich beispielsweise an Flughäfen befinden, regelrechte Moscheen – ein ↗Minarett gehört nicht unbedingt dazu. Die ersten Moscheen waren gewöhnliche Häuser, ohne Minarett und ohne Verzierungen. Einen Altar sowie Stühle und Bänke gibt es nicht. Die Böden der Gebetsräume sind mit Teppichen ausgelegt.

In jeder Moschee gibt es eine **Gebetsnische** (arab. „Al-Mihrāb“, siehe Seite 47), welche die Richtung nach Mekka anzeigt – denn nach dort verneigen sich alle Muslime während des Gebetes. Sie ist oftmals reich mit Stuckarbeiten verziert und auch Eingangstore und Dachkuppeln sind meist mit Ornamentmustern ausgeschmückt.

Große Moscheen heißen auf Arabisch „Masdjid al-Djāmi'“ und dienen in erster Linie dem wichtigs-

013ie Abb.: kk

ten **Gebet am Freitagmittag.** An diesem „Tag der Zusammenkunft" (arab. „Yawm al-Djum'a") treffen sich Bewohner des Dorfes oder des Stadtteils in großen und meist prächtigen Freitagsmoscheen. Ein Prediger hält eine Ansprache, die oft via Lautsprecher nach draußen ausgestrahlt wird.

Im Allgemeinen beten **Frauen und Männer** zu den Gebetszeiten in getrennten Bereichen oder verschiedenen Räumen, außerhalb dieser festen Zeiten aber auch nebeneinander. Beten sie gemeinsam, stehen die Frauen in den hinteren Reihen. Nicht aus Diskriminierung, sondern so soll verhindert werden, dass ein betender Mann durch einen Frauenpo abgelenkt und auf „unreine" Gedanken gebracht wird.

Glaube und Lehre

Moscheen sind zu allen Zeiten des Islam immer auch Lehrstätten gewesen. Die ersten islamischen Universitäten entstanden in bedeutenden Moscheen und heißen bis heute auf Arabisch „Djāmi'a", was mit der Titulierung großer Freitagsmoscheen verwandt ist. Vielen Moscheen sind Koranschulen angeschlossen, in denen Kindern Lesen und Schreiben beigebracht wird sowie die Lehren des Islam vermittelt werden.

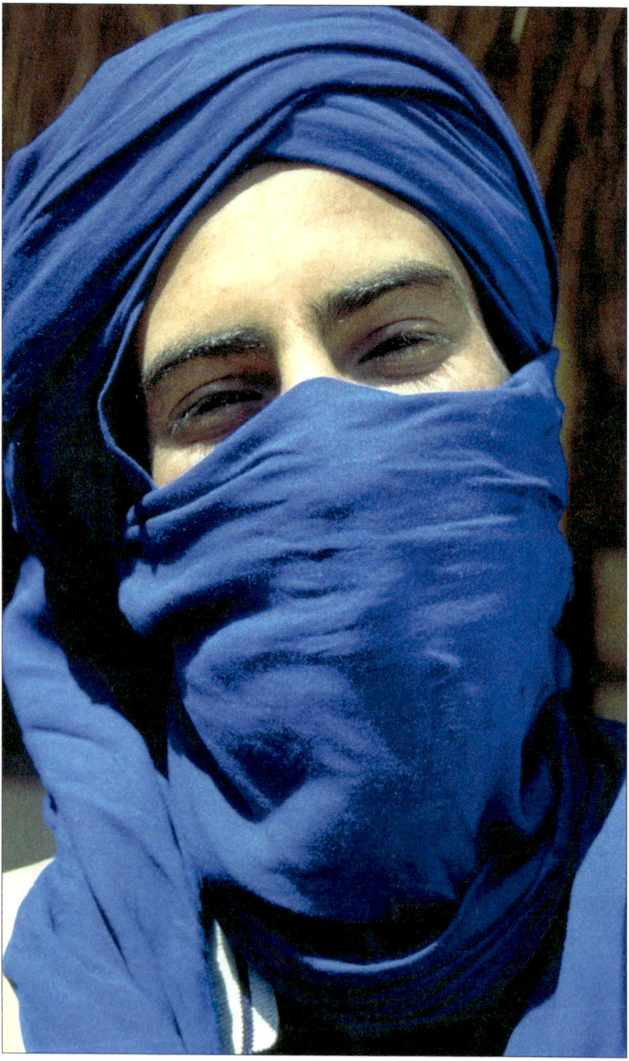

014ie Abb.: kk

Glaubensinhalte

Das Bekenntnis zum Islam beinhaltet die folgenden sechs Aspekte:

Glaube an den einzigen Gott

Für Muslime bildet der Glaube an Gott, an den einen und ewigen Gott, dem keiner gleich kommt (Koran 2:255) die **herausragende Forderung** des Islam. Gott ist der Schöpfer des Himmels, der Erde und seiner Geschöpfe und wird als Herr des Jüngsten Gerichtes angesehen.

Glaube an Gottes Engel

Im Dienste von Gott steht eine unbekannte Anzahl geschlechtsloser und unsichtbarer Engel, die den Gläubigen leiten, begleiten, Fürbitte einlegen und ihnen Botschaften vermitteln. Jedem Menschen sind zwei namenlose **Schutzengel** zugeteilt. Engel dienen nur Gott, sie sind aus Licht erschaffene Wesen, die über Raum und Zeit stehen, aber über Vernunft und Sprache verfügen.

Im Koran sind vier **Erzengel** erwähnt, darunter Gabriel, der Muhammad die Offenbarungen Gottes vermittelte und Michael, der Gottes Befehle in der außerirdischen Welt ausführt.

Glaube an heilige Schriften

Koran und Hadith sind Schriften verschiedener Art. Im Koran findet sich das verkündete Wort Gottes, wohingegen die Hadith von Religionsgelehrten gesicherte Worte und Taten Muhammads enthält. Diese Lebenspraxis Muhammads gilt als gelebte Ausdeutung der koranischen Offenbarungen und ist eine wichtige Quelle religiösen Wissens.

◄ *Je nach Kultur tragen auch Männer Gesichtsschleier*

Glaube an Gottes Gesandte

Gott beauftragte diverse Auserwählte mit der Verkündung seiner Botschaften. Sein allererster Gesandter war **Adam** und auch **Noah, Abraham, Moses und Jesus** verkündeten als Propheten Gottes Worte. Da jedoch nach muslimischem Glauben die Menschen die prophetischen Aussagen oftmals missverstanden und verzerrten, sandte Gott schließlich **Muhammad,** damit er seine wahren Worte kundtun konnte. Er war der letzte Prophet der Menschheitsgeschichte und daher gelten die von ihm übermittelten Worte als Endgültige und Unveränderliche (Koran 3:19). An Muhammad und alle anderen Gesandten zu glauben, ist Pflicht eines jeden Muslim.

Glaube an göttliche Vorbestimmung

Für Muslime liegt ihr Schicksal allein in Gottes Hand. Der Mensch besitzt zwar einen freien Willen, nach dem er handelt, doch über diesem stehen **Gottes Bestimmungen.** Alles was war und alles

016ie Abb.: kk

▶ *Heiligengrab*

was sein wird, alle guten und alle bösen Taten sind demnach vorbestimmt.

Dennoch sollen alle ihr Leben verantwortungsbewusst und zielstrebig führen und sich nicht willen- und tatenlos der Erwartung hingeben, Gott würde alles fügen. Der Koran betont nachdrücklich, dass **Vernunft,** Denken, Wissen und Erkenntnis genutzt werden sollen (30:24 & 28, 10:24, 6:97). Gleichwohl lässt der Glaube an die göttliche Vorbestimmung Schicksalsschläge leichter verkraften.

Glaube an Wiederauferstehung

Für Muslime ist Leben ein vorübergehender Zustand. Sie glauben an ein Fortleben nach dem Tode im Jenseits. Nach dem Tod dämmert die Seele in einem traumlosen Schlafzustand dahin, empfindungslos und ohne Zeitgefühl, aber in Gottes Nähe. Am **Jüngsten Tag,** den Gott bestimmt, wird Gericht gehalten. Diejenigen, die in der irdischen Zeit ein gläubiges, rechtschaffendes und verdienstvolles Leben geführt haben, werden ins Paradies eingelassen (Koran 4:13, 16:30 & 97, 20:75 ff., 40:39 ff.).

015ie Abb.: kk

◀ *Islamischer Friedhof*

017ie Abb.: kk

Religiöse Pflichten

Die Grundpflichten eines gläubigen Muslim sind auch als die **fünf Säulen des Islam** (arab. „'Arkan al-'Islām") bekannt und bedeuten im Einzelnen:

Glaubensbekenntnis – es gibt keinen Gott außer Gott

Das ↗**Glaubensbekenntnis** eines jeden Muslim lautet: „Lā 'ilāha 'illa Allāh wa Muhammad rasūl Allāh" und heißt übersetzt: „Es gibt keinen Gott außer Gott und Muhammad ist sein Gesandter". Mit diesem Zeugnis nimmt der Gläubige die Pflichten als Muslim auf sich.

Theoretisch schließt sich jeder, der dieses Bekenntnis in ernster Absicht und mit der Einleitung „Ich bezeuge" ausspricht, dem Islam an. Der **Beitritt** in die muslimische Glaubensgemeinschaft (arab. „'Umma") ist unumkehrbar und nur der Tod kann eine Abkehr bewirken.

Glaubensformel aussprechen?
Nicht nur weil man durch das ernsthafte Aussprechen der Glaubensformel formaljuristisch dem Islam beitreten würde, sondern auch aus Respekt vor der Religion sollte man als Nicht-Muslim dieses Glaubensbekenntnis im Beisein von gottergebenen Muslimen nicht leichtfertig aussprechen.

Glaubensbekenntnis: *Arab. „Ash-Shahāda".*

Pilgerfahrt nach Mekka – zu den heiligen Stätten des Islam

Jeder Muslim, der dazu gesundheitlich und finanziell in der Lage ist, sollte einmal in seinem Leben an einer jährlich im 12. Monat des islamischen Jahres stattfindenden ↗**Pilgerfahrt** mitmachen (Koran 2: 196 ff.). Der Besuch der heiligen Stätten in und um Mekka und Medina sowie die Teilnahme an allen

Pilgerfahrt: *Arab. „Al-Hadj" = „Die Wallfahrt".*

018ie Abb.: kk

▲ *Die große Moschee von Mekka als Motiv eines Wandteppichs*

zugehörigen Wallfahrtszeremonien stellt für Muslime den Höhepunkt ihres Lebens dar.

Der Ablauf der Pilgerreise ist bis ins Detail vorgeschrieben. Am 10. Tag des Pilgermonats beginnt das **Opferfest,** das höchste islamische Fest (siehe Kapitel „Feste feiern", „Religiöse Festtage"). Weltweit schlachtet jeder Muslim, der es sich leisten kann, ein Opfertier (Schaf, Ziege, Rind oder Kamel), verteilt einen Teil Fleisch an die Armen und verspeist den Rest in festlicher Gemeinschaft zusammen mit anderen.

Fasten – nicht nur im Ramadan

Ramadan: *Deutsche Form von arab. „Ramadhān".*

Es gibt eine Reihe von Zeiten, zu denen das Fasten fromme Sitte der Muslime ist. Pflicht ist es allerdings während des ↗**Ramadan,** dem 9. Monat des islamischen Kalenders (siehe Kapitel „Wissenswertes von A bis Z", „Kalender"). Zu dieser Zeit erhielt Muhammad einst seine erste Offenbarung, weshalb der Ramadan heilig ist.

Das **Fasten bedeutet** für alle Muslime, dass sie einen Monat lang von Sonnenaufgang bis -untergang auf Essen, Trinken, Rauchen und geschlechtliche Beziehungen verzichten (Koran 2:183 ff.). Außerdem soll jeder seine bösen Gedanken besiegen und ein besonders vorbildliches und religiöses Leben führen. Mit dem Konsumverzicht am Tage soll zum Nachdenken über den Sinn dieses Gebotes angeregt und eine symbolische Gleichheit zwischen Arm und Reich angestrebt werden. Die **Nächte** des Ramadan dagegen sollen eine gesegnete Zeit sein, denn es war in einer Nacht, in der Muhammad Gottes erste Bestimmung erhielt (97:1 ff.). Und so wird nach Sonnenuntergang üppig gegessen und man trifft sich mit Freunden.

Vom Fasten befreit

Alle gesunden Muslime sind ab der Pubertät zum Einhalten des Ramadan verpflichtet. Alte, Kranke, Reisende, Schwangere oder stillende Mütter und körperlich hart arbeitende Menschen dürfen das Fasten brechen, müssen es jedoch nachholen.

Beten – ein heiliges Ritual

Theoretisch sollte jeder Muslim (Kinder und Frauen während ihrer Periode sowie nach der Niederkunft ausgenommen) fünf Mal am Tag zu festgesetzten Zeiten beten: bei Morgendämmerung, am Mittag, am Nachmittag, bei Sonnenuntergang und am Abend (Koran 30:17). Diese ↗**Pflichtgebete** können überall verrichtet werden, doch es gilt als besonders verdienstvoll, sie in Gemeinschaft mit anderen Gläubigen in einer Moschee auszuführen. Daher schallen zu diesen Zeiten die Gebetsrufe der ↗Muezzine von sämtlichen Minaretten. Es ist nicht unbedingt nötig, die täglichen Gebete zu den exakten Zeiten auszuführen, doch ist dies besonders rühmenswert.

Pflichtgebet: *Arab. „As-Sālat“ = „Das Gebet“.*

Muezzin: *Deutsche Bezeichnung für Gebetsausrufer; abgeleitet von arabisch „Al-Mu'adhdhin“ = „Der Rufende“.*

Neben diesen täglichen Fürbitten gibt es zwei weitere Arten von Pflichtgebeten: die **Freitagsgebete** sowie die **Festgebete** zu den wichtigsten muslimischen Festtagen, dem Fest am Ende des Fastenmonats und zum Opferfest (siehe Kapitel „Feste feiern", „Religiöse Festtage"). Diese Gebete sind nur gültig, wenn sie unter der Anweisung eines Imam vorgenommen werden.

Daneben sind **persönliche Gebete** zu jeder Zeit und an jedem Ort möglich.

019ie Abb.: kf

Beten ist eine **rituelle Handlung,** während der genaue Vorschriften und Bewegungsabläufe zu beachten sind und die nur in einem Weihezustand vorgenommen werden darf. Diesen erreicht der Muslim durch die Loslösung von der profanen Umgebung, durch rituelle Waschungen und durch Aussprechen der arabischen Formel „Allāhu 'akhbar" = „Gott ist allmächtig".

Beim Gebet verneigen sich weltweit alle Gläubigen **gen Mekka** (Koran 2:142 ff.). Diese Gebetsrichtung heißt arabisch „Al-Qibla". In Moscheen wird sie durch eine halbrunde, arabisch „Al-Mihrāb" genannte, Wandnische angezeigt.

„Rosine" als Beweis des Beteifers
Ganz eifrige Muslime erkennt man an einem kleinen verhärteten Mal auf der Mitte ihrer Stirn, mit dem beim Gebet der Boden berührt wird. Diese Druckstelle wird auf Arabisch „Zabīb" = „Rosine" genannt. Ihre Entstehung braucht lange Jahre und zeugt von unzählbaren Niederwerfungen vor Gott, weswegen sie mit vollem Stolz getragen wird.

Religiöse Pflichten

Almosengaben – „Reinigung" und „Wachstum"

Das Geben von Almosen dient als symbolischer Beitrag, um die soziale Spannung zwischen armen und reichen Muslimen gering zu halten.

In Koran 9:60 ist geregelt, welchen Personengruppen eine **Armensteuer** zukommen soll. Doch die Regeln des heiligen Buches sind betagt. Wer heute wann und wie viel zu zahlen hat ist umstritten. Als Richtwert soll jeder wohlhabende Städter, sofern er finanziell dazu in der Lage ist, einmal im Jahr 2,5 % des Überschusses, der nach Versorgung seiner Familie bleibt, spenden. Muslime nehmen die Almosenpflicht sehr ernst und folgen ihr ohne organisatorische Zwänge.

Neben diesen jährlichen ↗Pflichtspenden gelten **freiwillige Abgaben** als ehrenhaft.

Pflichtspende:
Arab. „Zakāt" = „Reinigung", „Wachstum".

021ie Abb.: kk

Die Familie

Die traditionelle Großfamilie

Das Leben in der Großfamilie gilt in islamischen Ländern als einzig **mustergültige Lebensform** und Garant für die Aufrechterhaltung der muslimischen Gesellschaftsordnung. Dass drei Generationen unter einem Dach leben entspricht der sozialen Norm und erweckt, anders als in Mitteleuropa, keinerlei Staunen.

Familiäre Strukturen sollten auf der Anerkennung des Mannes als Patriarchen und der Ehrung betagter Angehöriger basieren. Unverkennbar sind die Aufgaben zwischen Frauen und Männern getrennt: In der Familienorganisation werden nach muslimischer Tradition die innerfamiliären und häuslichen Dinge von den Frauen und die außerhäuslichen Angelegenheiten vom männlichen Familienvorstand geregelt. Männer sind dem Koran nach zwar das Haupt der Familie, aber nicht „Beherrscher" der Frauen.

Die **Stellung einer Frau** in der Familienhierarchie hängt davon ab, ob sie verheiratet ist und wie viele Kinder sie hat. Bis zu ihrer Hochzeit leben junge Frauen in ihrem Elternhaus bzw., wenn ihre Eltern verstorben sind, in der Familie ihres Bruders oder eines anderen männlichen Verwandten. Ein Höchstmaß an sozialer Achtung kommt Großmüttern zu, insbesondere wenn sie einen oder mehrere Söhne geboren haben, denn als Väter sind diese Söhne wiederum Oberhäupter ihrer Familien.

Kinder sind für das Prestige der Familie und als Garanten der elterlichen Altersvorsorge wichtig. Wenn es notwendig wird, sind Kinder ihren Eltern gegenüber unterhaltspflichtig – unabhängig von ihrem eigenen Familienstand. Dem ältesten Sohn kommt die wichtige Rolle des Stammhalters zuteil.

Da es in islamischen Gesellschaften eine strikte Trennung der Geschlechter gibt (siehe Kapitel „Religion respektieren“, „Geschlechtertrennung ...“) unterscheidet sich auch die **Erziehung von Jungen und Mädchen** erheblich. Töchter werden von klein an in die Hausarbeit einbezogen und helfen bei der Betreuung jüngerer Geschwister. Knaben haben weit mehr Bewegungsfreiheit als Mädchen und sie werden ab einem gewissen Alter vornehmlich von ihren Vätern erzogen, die sie in die Welt der Männer und ihre Aufgaben einführen. Können kleine Kinder noch unbefangen miteinander umgehen, so gehören sie ab der Pubertät mit allen Konsequenzen zur Frauen- bzw. Männerwelt. Junge Frauen werden streng überwacht, da eventuell unzüchtiges Verhalten die Familienehre nachhaltig beeinträchtigen kann.

Junge Menschen verlassen ihr Elternhaus meist nach dem Abschluss ihrer Ausbildung und der Gründung ihrer eigenen Familie. Eine **geschiedene Frau** kehrt meist wieder in ihr Heim zurück, bis sie erneut heiratet.

In städtischen Ballungsräumen hat sich mittlerweile, auch auf Grund der Wohnungssituation, der **Trend zur Kleinfamilie** durchgesetzt. Jedoch werden verwandschaftliche Verhältnisse sehr intensiv gepflegt. Frei gewählte **Ehelosigkeit** und Singlehaushalte finden sich in muslimischen Gesellschaften nur als Ausnahmefall.

Pflichten der Männer

In den Händen der Männer liegt die Aufgabe, sich um das Wohlergehen der Familie sowie um die Angelegenheiten des Stammes und der Gemeinde zu kümmern. Sie besitzen dadurch **Privilegien,** tragen aber auch eine große **Verantwortung** und müssen vielen Verpflichtungen nachkommen – sowohl

▲ *Vater und Sohn*

ökonomischer als auch rechtlicher und moralischer Natur.

Männer müssen den **Lebensunterhalt** für ihre Frauen und Kinder aufbringen. Blutsverwandtschaft, Abstammung und Familienehre sind wichtige Werte, über die sie zu wachen haben. Diese Verantwortung, verbunden mit den Prinzipien der familiären Ehre, hat die im Koran festgelegte Stellung des Mannes gegenüber der Frau gestärkt (Koran 4:34).

Die **väterliche Autorität** ist unantastbar. Eine Art Stellvertreterposition kommt dem **ältesten Sohn** zu. Er führt den Familiennamen und das Erbe weiter und er ersetzt die Rolle seines Vater im Falle von Krankheit oder Tod.

Rolle der Frauen

Frauen kommt biologisch und sozial die Aufgabe der **Mutter** zu. Gerade junge Frauen sehnen ihre erste Schwangerschaft herbei, um von der Angst vor Kinderlosigkeit und ihren Folgen, wie soziales Stigma, Scheidung oder Mehrehe, befreit zu sein.

Mütter haben viel Einfluss und eine starke Position, die weit über die Rolle der Hausfrau hinausgeht. Besonderer Respekt wird **alten Frauen** mit vielen Söhnen entgegengebracht. Ihre Ratschläge sind gefragt, ihren Worten wird Folge geleistet. In der weiblichen Familiengesellschaft, ↗Harem genannt, haben sie die zentrale Rolle inne.

Harem:
Deutsche Form für die Bezeichnung eines sozialen Frauenbereiches; abgeleitet von arab. „Harām" = „verboten, unantastbar" und arab. „Harama" = „ausgeschlossen sein". Auch Ausdruck für Nicht-Muslimen verbotene religiöse Bereiche.

Der Islam sieht **keine** eheliche **Gütergemeinschaft** vor. Die verheiratete Frau hat das Recht auf eigenen Besitz und der Ehemann muss für den **Unterhalt** seiner Familie aufkommen. Nicht einmal für den Unterhalt ihrer Kinder oder ihres arbeitslosen bzw. arbeitsunfähigen Mannes kann eine Muslima verantwortlich gemacht werden. Dennoch müssen insbesondere in armen Familien Frauen oftmals ihren Beitrag zum Einkommen leisten.

Dass Frauen alleine leben kommt selten vor, etwa bei geschiedenen oder verwitweten älteren Frauen mit eigenem Einkommen. Eine für Frauen wichtige „Einrichtung" ist das **soziale Netzwerk** zwischen Verwandten und Freundinnen, in das sie eng eingebunden sind. In einer patriarchalischen Männerwelt spendet diese Frauengesellschaft Hilfe, Freundschaft, Trost und Schutz.

Familiengründung und -verbindung

Menschen, die nicht heiraten, sieht die Gesellschaftsordnung des Islam nicht vor. Anerkannte Gründe, die **gegen eine Hochzeit** sprechen, sind lediglich schwere Krankheit und Unfruchtbarkeit.

Es ist eine alte und nur schwer antastbare Tradition, dass **Ehen von den Eltern arrangiert** werden.

Denn Heirat dient nicht nur der Legitimierung der Beziehung zwischen Mann und Frau sondern auch der **Fusion zweier Familien.** Liebesehen und die freie Wahl des Partners kommen nur in Ausnahmefällen vor – und unter der strengen gesellschaftlichen Aufsicht haben junge Menschen meist nur wenig Möglichkeiten, sich intensiv kennen zu lernen. Daher ist in muslimischen Gesellschaften die emotionale Abhängigkeit der Ehepartner im Allgemeinen nicht so groß wie in Europa.

Gegen eine solche **Vernunftehe,** in der sich die Liebe später schon einstellen wird, sträuben sich immer mehr junge Menschen, was nicht selten in schweren **Konflikten mit der Familie** endet. Zwar darf dem Koran nach keine Frau gegen ihren Willen zur Heirat gezwungen werden, aber unter dem nicht ausbleibenden sozialen und psychologischen Druck beugen sich viele dem Wunsch der Eltern.

Ehen mit Andersgläubigen

Muslimische Männer dürfen auch Ehen mit andersgläubigen Frauen eingehen. Eine Muslima hingegen darf nur einen Glaubensgenossen ehelichen. Der Grund liegt darin, dass die Religion des Mannes automatisch die Glaubenszugehörigkeit der Kinder bestimmt. Diese Regel des islamischen Rechtes haben die meisten modernen Gesetze muslimischer Staaten übernommen.

Als Entgegenkommen beliebt ist die Vereinbarung eines **späten Hochzeitstermins,** damit die Verlobungszeit möglichst lang ist. Während dieser Zeit können sich die Zukünftigen näher kommen und dann ist es auch gesellschaftsfähig, wenn beide miteinander ausgehen. Allerdings dürften sie sich nicht alleine in einer Wohnung treffen, über Nacht zusammen wegbleiben oder gar sexuellen Kontakt haben. Der **Verlust der weiblichen Jungfräulichkeit** vor der Hochzeit, sofern dies publik wird, stößt ein Mädchen ins soziale Abseits und ruiniert nicht nur ihren Ruf, sondern, viel schlimmer, die Ehre ihrer Fa-

Heirat zwischen Verwandten

Im Islam ist die Heirat unter Verwandten ersten und zweiten Grades nicht gestattet. Legitim – und durchaus üblich – ist jedoch der Bund zwischen Cousin und Cousine (Koran 4:22 ff.).

milie. Paradoxerweise gibt es überhaupt kein Problem, wenn junge Männer vorehelichen Sex haben. Offiziell sollen die Zukünftigen ihre erste gemeinsame Nacht nach der Hochzeit verbringen, doch daran halten sich weniger Paare, als man vermuten mag, die Trickkiste ist üppig ausgestattet.

In muslimischen Lebensgemeinschaften stellt die Ehe eine gegenseitige Verpflichtung dar, sie hat keinen sakramentalen Charakter. Dazu gehört der Abschluss eines **Ehevertrages,** in dem alle Bedingungen in Bezug auf Scheidung, Erbschaft und der Handhabung einer eventuellen Mehrehe mit anderen Frauen (siehe Kapitel „Vier Frauen für einen Mann?!") fixiert werden. Vielerorts werden aber auch allgemein-islamische Rechte und Pflichten aufgenommen, so der Anspruch der Frau, für die Dauer der Ehe versorgt zu werden und allein über ihr Vermögen verfügen zu dürfen. Frauen können sich beispielsweise auch zusichern lassen, ihr Studium beenden zu können oder außer Haus berufstätig zu sein. Auch die Höhe des ↗Brautgeldes, einer Mitgift und Absicherung, die vom Ehemann bzw. seiner Familie an die Braut zu zahlen ist, wird im Ehevertrag festgeschrieben.

Brautgeld

Arab. „Mahr". Diente in seinem historischen Ursprung als eine Art Ausgleich, den der Brautvater dafür erhielt, dass er seine Tochter großgezogen hatte, die im Gegensatz zu Söhnen nach der Heirat in der Familie des Mannes lebte und dort im Haushalt half. Das Brautgeld stellte auch eine Kompensation dafür dar, dass der Familie der Braut die Söhne, die sie gebären würde, verloren gingen. Heute gehört das Brautgeld der Ehefrau und dient zum größten Teil als Absicherung für den Fall der Scheidung (Koran 4:4, 4:24) oder Verwitwung.

In den meisten islamischen Ländern müssen Ehen vor einem Gericht oder im Beisein eines staatlichen Beauftragten geschlossen werden, die Braut wird oft durch ihren Vormund vertreten. Mit dem Abschluss des Ehevertrages gelten die jungen Leute als **verlobt,** bis zur Hochzeit können einige Wochen oder Jahre verstreichen. Bis zu ihrer Heirat leben junge Frauen in ihrem Elternhaus bzw., wenn diese

023ie Abb.: kk

Festlich gekleideter Bräutigam

verstorben sind, in der Familie ihres Bruders oder anderer männlicher Verwandter. Mit der Hochzeit tritt die Frau aus der Obhut und Verantwortung des Vaters in die ihres Angetrauten über.

Erst nach der Eheschließung darf die Braut mit ihrem frisch Vermählten zusammen leben. Doch oftmals hat der junge Bräutigam nicht genügend Geld für einen **eigenen Hausstand,** so dass viele Paare die erste Zeit in der Familie des Mannes verbringen.

Außerfamiliäre Freundschaften oder in strengen Fällen auch **Kontakte zu anderen Männern** sind der Frau ohne ihren Mann meist nicht möglich. Andererseits sollte ihr Gemahl keine Freundschaften zu anderen Frauen pflegen.

Vier Frauen für einen Mann?!

Polygamie: *Griech. = Ehe eines Mannes mit mehreren Frauen oder einer Frau mit mehreren Männern.*

Polygynie: *Griech. = eheliche Verbindung eines Mannes mit mehreren Frauen.*

Monogamie: *Griech. = Einehe.*

Über die ↗Polygamie werden hier zu Lande immer wieder hitzige Diskussionen geführt. Fakt ist, dass muslimische Männer **bis zu vier Frauen** ehelichen dürfen.

Doch das bei uns oft vorurteilhaft als „Vielweiberei" angesehene Recht bedeutete in seiner Entstehungszeit eine Beschränkung auf „nur" vier Frauen. **In vorislamischer Zeit** war es gang und gäbe, dass ein Mann mehrere Geliebte oder Konkubinen unter seinen Sklavinnen hatte und Ehen nach Belieben schließen konnte. Bei Beduinen war die ↗Polygynie notwendig, um sich eine reiche Nachkommenschaft zu sichern und den durch zahlreiche Kriege und Kämpfe entstandenen Frauenüberschuss auszugleichen.

Diesem Treiben setzten die göttlichen Offenbarungen (Koran 4:3) ein Ende. Der Korantext gibt zugleich die **Empfehlung zur ↗Monogamie.** Die Mehrehe ist als Ausnahme gedacht, zur Versorgung von Witwen und Waisen, im Falle einer schweren Krankheit oder Unfruchtbarkeit. Nirgends wird die Ehe mit mehreren Frauen als Vorwand zur zügellosen sexuellen Erquickung propagiert.

Sex in der islamischen Gesellschaft
In einer vorehelichen Beziehung ist Sex tabu, aber sexuelles Beisammensein in der Ehe wird durchaus nicht als bloßes Mittel zur Fortpflanzung angesehen. Lust und Libido werden als natürliche Eigenschaften der Menschen akzeptiert, allerdings im streng privaten Rahmen und nur zwischen Mann und Frau. Homosexualität ist illegitim.

Laut Koran 4:129 müssen **alle Ehefrauen absolut gleich** und gerecht behandelt werden – eine Bedingung, die im selben Vers als nicht wirklich möglich ermessen wird. Islamische Reformisten und moderne Muslime legen diese Prämisse so aus, dass sie indirekt die Vielehe blockiert, denn welcher Mann vermag es schon, fair und ohne Unterschied seine Liebe und sein Geld aufzuteilen sowie bei jeder Frau den Pflichten und

▲ *Zwischen Frauen existiert ein enges soziales Netzwerk*

Freuden als Mann oder Vater nachzukommen? In der Praxis können zudem nur wenige Männer eine Ehe mit mehreren Frauen eingehen, da ihnen dazu schlicht die finanziellen Mittel fehlen.

Das Recht des Koran kann eingeschränkt werden durch staatliche Gesetze. Die Türkei und Tunesien gehen am weitesten und verbieten die Polygynie. In den anderen Ländern ist die Mehrehe **auf bestimmte Voraussetzungen** eingegrenzt, wie Unfruchtbarkeit und Zustimmung der Ehefrau, oder Männer müssen vor Gericht nachweisen, dass sie einen zweiten Hausstand finanziell unterhalten können. Auch in Eheverträgen können diese Einschränkungen aufgenommen werden.

Scheidung – kein Bund fürs Leben

Der Islam geht nicht von einer lebenslangen Ehe aus. **Beide Geschlechter** haben das Recht zur Scheidung, allerdings kann sich ein Mann nahezu ungehindert trennen, wohingegen eine **Frau** an bestimmte Voraussetzungen gebunden ist, z. B. Verletzen der Unterhaltspflicht, Grausamkeit, geistige oder körperliche Krankheit, Impotenz oder Inhaftierung des Mannes, Verheiratung der Frau durch ihren Vormund ohne ihr Einverständnis.

Männer können ihre Frauen dem islamischen Recht nach durch dreimaliges Aussprechen einer bestimmten Formel auch ohne Angabe von Argumenten verstoßen. Frauen können ihren Mann um eine solche Verstoßung bitten oder vor einem Richter ihre Scheidungsgründe darlegen. Die Praxis der **Verstoßung durch den Eheman** gilt zwar als sündhaft, ist aber dennoch rechtsgültig (außer in Tunesien und der Türkei). Der Koran ruft an vielen Stellen auf, Trennungen zu unterlassen und nach schlich-

020ie Abb.: kk

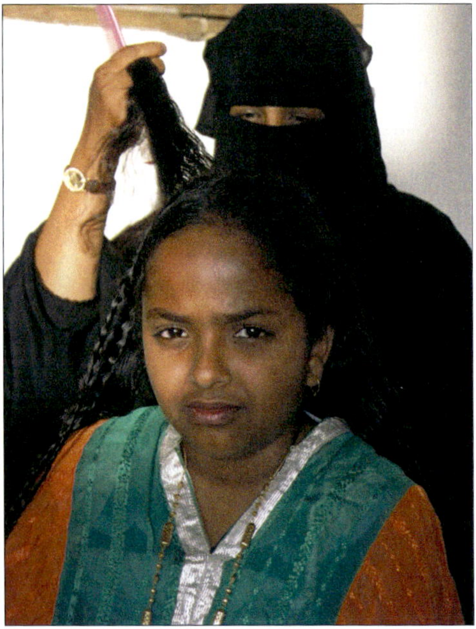

▶ *Mutter und Tochter beim Haareflechten*

tenden Lösungen zu suchen. Doch zwischen Ideal und Wirklichkeit klafft meist eine erhebliche Diskrepanz.

Im Ehevertrag können bestimmte **Scheidungsgründe** festgeschrieben werden. Die konkreten Scheidungsrechte sind von Land zu Land verschieden, doch sie bedürfen meist der Zustimmung eines Gerichtes. Damit soll die Verstoßung der Ehefrau ihrer Willkür beraubt werden.

Nach einer Scheidung hat die Frau den meisten Familiengesetzen nach **kein Recht auf Alimente.** Ihre Versorgung ist mit dem Brautpreis abgegolten. Sofern sie keinen Beruf erlernt hat, kann sie zu ihrem Vater oder einem ihrer Brüder ziehen, der dann für sie verantwortlich ist. Hat sie ältere Kinder, so sind sie zur Versorgung der Mutter verpflichtet.

Im Islam geht man davon aus, dass geschiedene (oder verwitwete) Frauen **erneut heiraten.** Nach einer dreimonatigen Wartezeit, die sicherstellen soll, dass die Frau nicht schwanger ist, ist eine neue Ehe möglich (Koran 2:228 ff., 65:188).

Eine **Unterhaltspflicht der Frau** gegenüber ihrem Mann gibt es weder während noch nach der Ehe.

Beim **Sorgerecht** unterscheidet das klassische islamische Recht zwischen der Vormundschaft sowie der Inobhutnahme und Versorgung der Kinder. Während erstere immer dem Vater (bzw. bei seinem Tod einem männlichen Verwandten) zugesprochen wird, bleiben die Kinder nach der Scheidung (oder dem Tod des Vaters) bis zu einem bestimmten Alter, das je nach Land variiert, bei der Mutter. Väter bleiben für ihre Kinder unterhaltspflichtig, für Töchter bis zur Eheschließung, für Söhne bis zu deren Erwerbstätigkeit. Auch nach dem Tod des Vaters erhalten nicht Mütter das volle Sorgerecht, sondern ein männlicher Vormund (außer in Tunesien und Algerien).

025ie Abb.: kk

Interessantes von A bis Z

Arabisch

Arabisch wird der **semitischen Sprachgruppe** zugerechnet. Doch Arabisch ist nicht gleich Arabisch, denn man unterscheidet drei Arten:

Das **klassische Arabisch** ist die Sprache, in welcher der Koran niedergeschrieben ist. Es ist eine geheiligte Schriftsprache, die sich seit der Lebzeit des Propheten Muhammad im 7. Jh. nicht verändert hat.

Das **moderne Hocharabisch** baut auf dem klassischen Arabisch auf, gilt aber nicht als auserwählt und hat eine vereinfachte Grammatik sowie zeitgemäße Vokabeln. Es ist zugleich die gemeinsame Schriftsprache aller Araber, die in den Medien, im innerarabischen Handel und in der Politik gesprochen und in den Schulen gelehrt wird.

Zudem gibt es verschiedene **Regionaldialekte,** die nicht geschrieben, sondern nur gesprochen werden. Der Unterschied zwischen den Umgangssprachen und der Schriftsprache kann so groß sein, wie der zwischen einer modernen romanischen Sprache und dem Lateinischen.

Arabische Zahlen

Seit dem 8. Jahrhundert benutzen Araber aus Indien stammende Zahlzeichen und rechnen mit dem indischen Dezimalsystem. Vermutlich haben sich im Laufe der Zeit die Anfangsbuchstaben der indischen Zahlwörter zu den heute gebräuchlichen Zahlzeichen entwickelt. Die arabischen Ziffern, mit denen wir zählen und rechnen, stammen von westarabischen Zahlzeichen ab. Diese wiederum sind Abwandlungen der indischen Ziffern, die heute in allen arabischsprachigen Ländern benutzt werden.
Anders als die arabische Schrift, die ja von rechts nach links läuft, werden Zahlen wie bei uns von links nach rechts gelesen.

Arabisch ist über einen weiten Teil des islamischen Kulturkreises **verbreitet.** Von Nordafrika über den Nahen Osten und Irak bis auf die Arabische Halbinsel ist es Muttersprache der meisten Bewohner. Da aber der Koran in Arabisch verfasst ist, sind

Religionsgelehrte in allen Winkeln der muslimischen Welt dieser Sprache mächtig. Arabisch ist Bildungssprache jedes akademisch erzogenen Muslim. Und ähnlich wie Latein für die Sprachen Europas stellte Arabisch für alle Islamsprachen einen **Fundus** dar, aus dem immer wieder Fremdwörter für den akademischen und wissenschaftlichen Bereich geschöpft wurden. Im nicht-arabischen Kulturraum haben sich viele arabische Elemente sogar im alltäglichen Sprachgebrauch eingebürgert. Beispielhaft sind Begrüßungen, Glückwünsche, Danksagungen, Lobpreisungen und religiöse Redensarten.

Welches Arabisch lernen?
Wer Arabisch lernen möchte, um sich damit möglichst vielerorts im Alltagsleben zu verständigen, kann sich das universellste Wissen aneignen, indem er ein vereinfachtes Hocharabisch, am besten mit regionalen Einschlägen aus dem Raum Ägypten/Syrien, lernt.

Arabisch ist eine sehr ausdrucksstarke und bildreiche Sprache, weswegen **Poesie und Prosa** einen hohen kulturellen Stellenwert besitzen und der Koran quasi ein sprachliches Wunderwerk ist.

Das arabische **Alphabet** besteht aus 28 Buchstaben, die von rechts nach links geschrieben werden. Es gibt nur drei Vokale: a, u und i, die betonend-lang (ā, ū, ī) oder verschwindend-kurz gesprochen werden. Alle Wörter basieren auf Wurzeln, die meist aus drei Konsonanten bestehen, sinnverwandte Begriffe haben dieselbe Wurzel.

Literaturtipp:
„Hocharabisch Wort für Wort", Bd. 76 der Sprachführerreihe Kauderwelsch, ermöglicht insbesondere Reisenden den schnellen Einstieg ins Arabische. Weitere 9 Bände befassen sich mit Arabisch in einzelnen Ländern. Erschienen im Reise Know-How Verlag.

Bilderverbot

Streng genommen, sind im Islam bildliche **Darstellungen von Heiligen, Menschen und Tieren** untersagt. Der Grund liegt darin, dass es ohne dieses Verbot zu einer Bilderverehrung kommen könnte, was den monotheistischen Ansprüchen des Islam widerspricht. Die Wurzel dieses Verbotes liegt in frühislamischer Zeit, als ein Kult um Götzenbilder

Das Wort „Gott“ im alltäglichen Sprachgebrauch

- *„Al-hamdu li-Allāh“ = „Der Lobpreis für Gott“, wird immer ausgesprochen, wenn einem Gutes widerfährt. Auch Antwort auf die Frage nach dem Befinden, denn der Höflichkeit halber geht es immer allen gut und Gott hat dieses Wohlergehen beschert.*
- *„‘In shā’a Allāh.“ = „So Gott will.“ Allgegenwärtige Redewendung in verschiedenen Bedeutungsnuancen, die allen Bemerkungen über Ereignisse in der Zukunft angefügt wird. Sie kann alles heißen von „Ja, okay“ über „vielleicht“ bis hin zu „das glaubst du doch wohl selber nicht“ und kann daher auch eine Allerweltsentschuldigung für Pleiten, Pech und Pannen sein. Da alles, und vor allem alles Zukünftige, in Gottes Hand liegt, steht „‘In shā’a Allāh“ auch beispielhaft für die gottergebene Lebens- und Schicksalshaltung vieler Musilme.*
- *„Allāhu ‘akhbar.“ = „Gott ist allmächtig.“ So beginnt der Ruf zum Gebet (arab. „Al-Adhān“), der fünf Mal täglich von den Minaretten zu hören ist.*
- *„Yā Allāh!“ = „Oh Gott!“ Wird in der freudigen Bedeutung für „Wie schön!“, „Wie herrlich!“ ausgerufen.*
- *„Fī ‘amāni Allāh.“ = „Im Schutze Gottes.“ Sehr formelle Form „Auf Wiedersehen!“ zu sagen.*

für Spannungen sorgte. Richtig durchsetzen konnte sich das Bilderverbot in der **Historie** allerdings nicht. Vor dem 8. Jh. waren Fresken mit nackten Menschenkörpern nichts Ungewöhnliches und zierten sogar die Wüstenschlösser der ‘Ummayadenkalifen. Und auch später ließ die Kunst das Bilderverbot hinter sich. Persische, türkische und indische Miniaturmalereien zeigten erotische und religiöse Szenen.

Um 1400 tauchten die ersten bildlichen **Darstellungen aus dem Leben des Propheten** Muhammad auf. Doch sein Gesicht blieb stets weiß, mitunter von einem Schleier bedeckt oder einer Flamme umspielt.

▲ *Fromme Ornamentik in Stuck*

Ungeachtet solcher Abstecher ins Figürliche dominiert in der islamischen Kunst jedoch über tausend Jahre lang das **Ornament.**

In der **heutigen Zeit** mit ihren Massenmmedien, Passfotos und Spiegeldekorationen ist das Bilderverbot in seiner strengen Form nicht mehr durchzusetzen und gilt oft nur im religiösen Zusammenhang.

Buchreligionen

Die drei großen Weltreligionen **Islam, Christentum und Judentum** werden zusammenfassend als Buchreligionen bezeichnet, weil ihre zentralen Elemente niedergeschrieben sind in **heiligen Büchern:** im Koran, in der Bibel und der Thora. Im Koran ist an vielen Stellen die Rede von „Leuten der Schrift" und damit sind Christen und Juden gemeint.

Die **Übereinstimmung** zwischen muslimischem, christlichem und jüdischem Glauben ist größer als oft angenommen. Alle drei widmen ihren Glauben einem einzigen Gott. Und zahlreiche biblische Stammväter und Verkünder wie Adam, Abraham, Moses und Jesus werden als wichtige Wegbereiter des Islam geschätzt. Allerdings wird Muhammad von den Muslimen als letzter und endgültiger Prophet angesehen.

Der Koran basiert teilweise auf dem **Alten Testament,** viele Grundideen der beiden anderen Buchreligionen Christentum und Judentum finden sich in ihm wieder. Auch Bibel und Thora gelten Muslimen als heilig und der Koran ruft in der 60. Sure zur Gerechtigkeit gegenüber diesen Buchreligionen auf.

Jesus im Islam

Jesus Christus wird im Arabischen „Al-Masīh" = „Der Gesalbte" genannt. Muslime haben ihm den Namen „'Isā" gegeben oder bezeichnen ihn als „An-Nasārā" = „Der Nazarener" oder „'Ibn Maryam" = „Sohn Marias". Die Sure 19 des Koran beschreibt, dass Christus auch dem Islam als Prophet gilt.

Im **Unterschied zu Muslimen** waren Christen in der Historie lange eine verfolgte Minderheit. Erst im 4. Jh. wurde das Christentum unter römischen Kaisern zur Staatsreligion erklärt. Im Islam waren von früher Zeit an Religionsgemeinschaft und Staatsführung eins (siehe „Scharia"). Daher wurden auch keine gesonderten **religiösen Institutionen,** keine Kirchen, aufgebaut.

Geisterglaube

Eigentlich hat Gott dem Menschen die Natur dienstbar gemacht. Die Erdenbürger sollen sie nutzen (Koran 14:32, 33 & 16:3–17). Doch dem Volksglauben nach bringt Mutter Erde nicht nur Nützliches, sondern auch **Dämonen, Geister, böse Blicke und finstere Mächte** hervor. In vielen Kulturen fließen auch vorislamische Vorstellungen hinein.

Drohen auf der einen Seite unsichtbare und unheilbringende Übermächte, so haben sich auf der

Schutz vor dem bösen Blick

Weit verbreitet ist der Glaube an einen „bösen Blick“, der von Personen übertragen wird, die irgendwie „suspekt“ wirken. Ein starrer Blick, Sonnenbrillen und das „große Auge“ von Kameras können besonders schnell Misstrauen hervorrufen. Schützend wirken türkisblaue Schmucksteine sowie die Hand der Fātima, ein Amulett in Form einer Hand. Verständlich, dass in unzähligen Autos blaue Keramikhände am Rückspiegel baumeln. Ist nichts von alledem zur Stelle, so hilft angeblich auch das Ausstrecken der eigenen fünf Finger.

027ie Abb.: kk

anderen die verschiedensten **Abwehrpraktiken** entwickelt. Amulette, heilige Männer, Tätowierungen, Sprüche, Körperschmuck, Kräutermixturen u.v.m. bieten Schutz und helfen beim Erflehen um göttlichen Beistand. Weihrauch und Salz sollen auf Geister so abschreckend wirken wie Weihwasser auf den Beelzebub.

Auch der Koran hilft gegen diese unislamischen Mächte. Besondere Abwehrkräfte „strahlt" der sog. **„Thronvers"** 2:255 aus, der als Schutzformel gesprochen oder auf Amulette geschrieben wird.

Kalligrafie

Auf Grund des Bilderverbotes ist die islamische ↗Kalligrafie eine Art Ersatzkunst. Diese **Schönschreibkunst** schafft eine formvollendete Verbindung von Wort, Bild und Religion. Durch die Kalligrafie wachsen aus Buchstaben nicht nur elegante und verschlungene Formen, denn der eigentliche Kernpunkt ist der religiöse Inhalt des Textes. Kalligrafen schaffen aus frommen Lobpreisungen fantasievolle Muster sowie Tiere oder traditionelle Gegenstände. Das Innere der Moscheen, insbesondere die nach Mekka gerichtete Gebetsnische, ist mit verschnörkelten Schriftbändern ausgeschmückt.

Kalligrafie: *Griech. = Kunst des Schönschreibens.*

Das am **häufigsten geschriebene Wort** ist „Allah" und was im Christentum in etwa das Kreuz symbolisiert, dem entspricht im Islam Gottes Schriftzug – millionenfach, schützend und segnend zu sehen, beispielsweise auf Schlüsselanhängern und Autoaufklebern.

028ie Abb.: kk

Kleidung

Im Koran 7:26–27 wird deutlich gemacht, dass Kleidung nicht nur vor Witterungseinflüssen schützen soll, sondern vor allem dem **Bedecken der Schamhaftigkeit** und dem **Ausdruck der Frömmigkeit** dient. Dieses göttliche Gebot richtet sich an beide Geschlechter. Für Frauen ist die Frage nach der „richtigen" Kleidung jedoch komplexer.

Von der Mitte des 8. Jh. an, als mit dem Sieg der Abbasiden über die ʻUmayyaden persische Einflüsse die arabisch-islamische Gesellschaft nachhaltig zu prägen begannen, widmeten sich Rechtsgelehrte verstärkt der Frage der **Verschleierung.** Im alten Orient bei den Assyrerinnen und Babylonierinnen kennzeichnete der Schleier Standesunterschiede. Nur freie und ehrbare Frauen durften ihn tragen, Sklavinnen und Tänzerinnen nicht. So trugen vornehme Bürgerinnen der Handelsstadt Mekka schon in vorislamischer Zeit einen Schleier. Und auch in Persien, das erst später von den Muslimen erobert wurde, gab es diese Gesichtsverhüllung bereits.

Für die Frage nach der Verschleierung ist **Sure 24, Vers 31** wichtig, sagt aber in den Augen vieler Religionsgelehrter nichts Eindeutiges: „Und sag den gläubigen Frauen, sie sollen (statt jemanden anzustarren lieber) ihre Augen niederschlagen und sie sollen darauf achten, dass ihre Scham bedeckt ist, ... ihren Schal über den (vom Halsauschnitt nach vorne heruntergehenden) Schlitz (des Kleides) ziehen und den Schmuck, den sie (am Körper) tragen, nicht offen zeigen, außer ihrem Mann, ..."

Sicher ist, dass Frauen Männern durch ihr Verhalten und ihre Kleidung nicht den Anlass zu unkeuschen Gedanken und zur Entfesselung der Sexualität bieten sollen. Sie sollen ihren Blick senken und ihre Sittlichkeit wahren. Aber der Koran geht nicht ins Detail, es wird nicht explizit erklärt, was eine

▲ *Arabische Damengewänder auf einer Modenschau*

Muslima anziehen soll und welche Körperteile genau zu bedecken sind. Die Quintessenz dieses göttlichen Gebots liegt auf dem **Begriff „Scham"** und seiner Definition. Nach breitem Konsens erstreckt sich die Scham der Frau zumindest auf die Haare und den ganzen Körper mit Ausnahme der Hände und des Gesichtes. Entsprechend sollte der gesamte Körper einschließlich der Haare von Kleidung bedeckt sein und zwar in der Weise, die keine Körperkonturen erkennen lässt. Vereinzelt wird „Scham" noch weiter ausgelegt und den Frauen wird das Tragen von Handschuhen und eines Gesichtsschleiers auferlegt (als „Kleidungsgesetze" gültig in Pakistan, Afghanistan und Saudi-Arabien, der Iran schreibt keinen Schleier, aber einen Ganzkörperumhang vor). Die Mehrheit der islamischen Rechtsgelehrten vertritt jedoch die Ansicht, dass die Bedeckung des Gesichtes oder das Tragen eines Ganzkörperschleiers nicht eindeutig vorgeschrieben wird.

Die islamischen **Kleidungsanweisungen gelten** beim Gebet und immer dann, wenn Frauen mit

030ie Abb.: kk

nicht-verwandten Männern zusammenkommen können. An Orten, die nur Frauen vorbehalten sind, geht es wahrlich nicht so „bedeckt" zu. Nach Koran 24:60 ist es für ältere Frauen keine Sünde, sich nicht an die gebotene Kleiderordnung zu halten.

Oftmals werden in islamischen Ländern **Gebräuche lokaler Kulturen** sichtbar, die sich mit den Werten und Normen des Islam vermischten. Je weiter man sich geografisch von der „Wiege des Islam" entfernt, desto geringer wird der Prozentsatz der Frauen, die die klassischen Kleiderregeln einhalten, z.B. bauch- und armfreie Saris in Bangladesh, beinfreie Wickelröcke und tief ausgeschnittene Tops in Indonesien oder Afrika südlich des Sahel ...

Nicht ganz eindeutig ist auch die Aussage von **Sure 33, Vers 59:** „Prophet! Sag deinen Gattinnen

Der Schleier – befreiende Anonymität

Viele Frauen tragen den Schleier auch in der heutigen Moderne gerne und freiwillig, selbst ohne Druck ihres Vaters oder Ehemannes. Er signalisiert dass die Trägerin sich mit dem Islam eng verbunden fühlt und ein ehrbares Leben führt. Annäherungen durch Männer werden nicht geduldet und sollen nicht von der Frau ausgehen. Außerdem zieht der Schleier eine klare Grenze zwischen Mann und Frau - Frauenbande im Islam sind stark und oftmals möchten Frauen bewusst Distanz zur Männerwelt halten. Und mit Schleier lassen sich männerdominierte Bereiche leichter betreten, da Frau nicht gleich zum Sexualobjekt degradiert wird und unbehelligt bleibt. Außerdem können sogekleidete Frauen Rechte aus dem Koran reklamieren, die „oben ohne" vielleicht verwehrt bleiben. Im sozial streng überwachten Umfeld kann eine verschleierte Frau sich unbeobachteter und freier bewegen.

und Töchtern und den Frauen der Gläubigen, sie sollen (wenn sie austreten) sich etwas von ihrem Gewand (über den Kopf) herunterziehen. So ist es am ehesten gewährleistet, dass sie (als ehrbare Frauen) erkannt und daraufhin nicht belästigt werden ..." Muhammad empfing diese Offenbarung, nachdem seine Frauen nachts belästigt worden waren, denn sie trugen keinen Schleier und wurden für ehrlose Sklavinnen gehalten. Was anfangs nur die Gattinnen des Propheten beachteten breitete sich schnell aus – zumindest in höheren Gesellschaftsschichten. Auf dem Lande und bei Beduinen wurde diese Sitte nicht beachtet. Die Forderung, einen Schleier zu tragen, wurde erst unter Muhammads Nachfolgern, den Kalifen, etwa ein Jahrhundert nach seinem Tod eingeführt. Allerdings geschah dies damals weniger in der Absicht, den Frauen „Fesseln" anzulegen, als vielmehr, um sie vor Blicken, Zudringlichkeiten und Nachstellungen von Männern zu schützen und soziale Ungleichheiten zu verdecken.

In der Historie versuchten manche Staatsmänner ein **Schleierverbot** in ihrem Land durchzusetzen, doch alle Bemühungen scheiterten (Türkei nach dem 1. Weltkrieg, Iran vor der islamischen Revolution, Afghanistan in den 20er Jahren des 20. Jh.). Das zeigt, dass es sich nicht um eine nebensächliche Frage handelt, sondern um ein Politikum.

Scharia

Viele Teile des Koran sind **göttliche Gesetze.** Die islamische Rechtslehre (arab. „Ash-Sharī'a") entstand im frühen Mittelalter und brachte in der damaligen Zeit durchaus Fortschritte.

Das Schariarecht bildet in vielen Ländern, vor allem in Nordafrika sowie dem Nahen und Mittleren Osten (mit Ausnahme der Türkei und Tunesiens), eine **Quelle der Gesetzgebung.** Die islamische Gesetzeskunde umfasst Personenstands-, Familien-, Erb-, Vermögens-, Straf- und Staatsrecht. Die Scharia gilt grundsätzlich nur für Muslime. Andersgläubige in islamischen Ländern unterstehen anderen Verordnungen.

Der sunnitische Islam kennt **vier Rechtsschulen** (hanafitisch, malikitisch, schafiitisch, hanbalitisch), die sich auf verschiedene Begründer berufen und die Rechtsvorschriften juristisch unterschiedlich auslegen. Die Differenzen beziehen sich auf Detailfragen.

Islam und Staat

Dem Koran nach gibt es keine Trennung von Religion und Staat. Ein wahrer islamischer Staat sollte eine Theokratie sein. Eine „islamische Republik" ist eigentlich ein Widerspruch in sich. Die meisten Länder, in denen der Islam Staatsreligion ist, gründen sich auf Verfassungen bzw. verfassungsähnlichen Texten, welche den Grundelementen europäischer Regierungsformen folgen. Dabei ist sowohl das Phänomen von Verfassungen überhaupt als auch die Teilung der Gewalten dem klassischen islamischen Recht fremd.

Das islamische Strafrecht
bildet kein geschlossenes Ganzes, sondern liefert nur Antworten auf Einzelfragen. Bestimmten Delikten, wie Unzucht, Verleumdung, Weintrinken, Diebstahl und Straßenraub, werden Strafen gegenübergestellt (Koran 24:1 ff., 5:30 ff.). Daneben gibt es den Anspruch auf Wiedervergeltung, z.B. bei Totschlag. Demnach hat der nächste männliche Verwandte bei vorsätzlicher, rechtswidriger Tötung das Recht, nach gerichtlicher Schuldfeststellung den Täter unter Aufsicht des Richters mit dem Schwert zu töten (Koran 17:33, 2:178-179).
Andere Straftaten sind nach Ermessen eines Richters zu entscheiden.
In den meisten islamischen Staaten gilt ein westlich orientiertes Strafrecht.

Die Scharia hat in keiner Zeit und in keinem Land ihre absolute Anwendung gefunden, insbesondere nicht das Strafrecht. Die **Spannungen** zwischen idealtypischer Scharia und realer Rechstwirklichkeit ist ein großes Problem des Islam. Immerhin bedeuten neue Rechtsformen die Missachtung der göttlichen Offenbarungen. Dennoch sind die **Anpassungen** an die Erfordernisse des modernen Lebens in vielen Ländern umfangreich, insbesondere im Straf-, Handels- und Staatsrecht. Eine Möglichkeit, das islamische Recht der modernen Gesetzgebung anzupassen, besteht in der Auswahl und Kombination der Lehrmeinungen der verschiedenen Rechtsschulen.

Innerhalb der islamischen Welt haben einzelne ethnische Gruppen zusätzliche, durchaus **eigenständige Rechtssysteme** erschaffen, die sich in manchen Punkten auf den Islam berufen, aber ihre regionalen und traditionellen Besonderheiten aufweisen. Diese regionalen Gewohnheitsrechte können die Scharia in manchen Fragen einschränken.

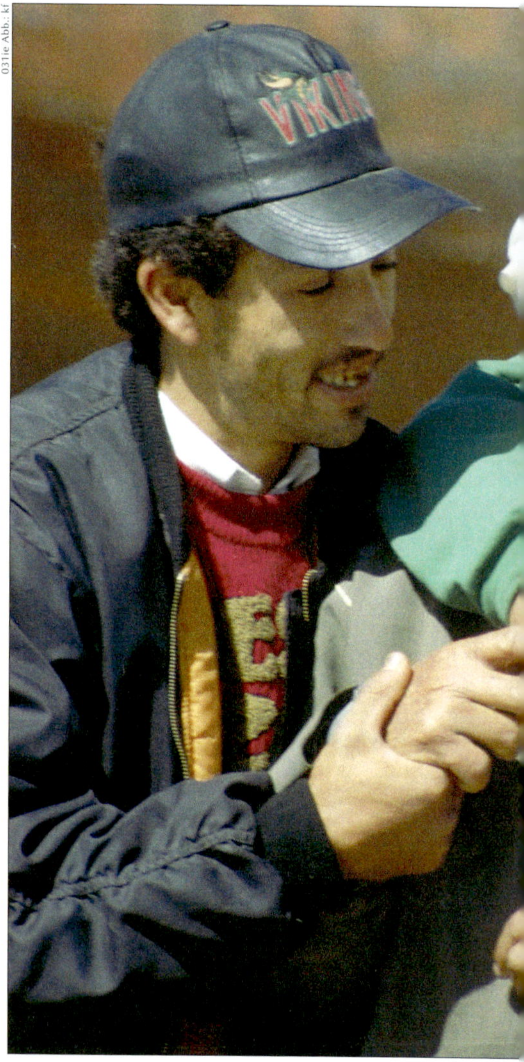

031ie Abb.: kf

Islam im Alltag – dabei sein

032ie Abb.: kk

Als Newcomer im Islam

Okzident trifft Orient

Wer in eine ihm fremde Zivilisation reist, sollte sich bewusst machen, dass **Wirklichkeiten kulturabhängig** sind. Wie man Realität wahrnimmt, was man als anerkennenswert oder ablehnend bewertet ist neben der persönlichen Erfahrung, dem Alter, der Ausbildung und Stimmung auch abhängig von der Gesellschaft, in der man lebt und groß geworden ist.

Religion, Sprache, Gesten, Moralansichten, Sozialgefüge, Erziehung, Umgangsformen, Gewohnheiten, Zeitvorstellungen, Traditionen und Tabus sind im ↗Orient anders als im ↗Okzident. Eine „zu Hause" erlebte Gegebenheit kann woanders völlig anders bewertet werden – und umgekehrt. Auch wie Muslime oder Nicht-Muslime mit ihren **Kulturerfahrungen** umgehen unterscheidet sich.

Orient:
Lat. = Morgenland.

Okzident:
Lat. = Abendland.

Die folgenden Kapitel sollen deshalb helfen, typisch **orientalische Realitätssichten** zu erkennen und sich diese im alltäglichen Miteinander bewusst zu machen.

„Fremd" muss nicht „Feind" heißen

Die Begegnung mit Menschen einer unbekannten Religion setzt die Bereitschaft voraus, sich auf sie einzulassen. Andere Lebensarten, Verhaltensweisen und Gefühlsreaktionen müssen akzeptiert werden. Hilfreich ist ein **Grundverständnis** der andersartigen Glaubenswelt und ihrer Riten.

Sicherlich ist es schwierig, sich an Fremdes zu gewöhnen. Mit allem einverstanden zu sein ist wohl unmöglich. Doch solange man **Toleranz und Aufgeschlossenheit** zeigt, muss dies nicht unbedingt

▲ *Touristen treffen Beduinen*

Ziel sein – immerhin gibt es auch oft genug eigene Landsleute, mit denen keine Eintracht erreicht wird.

Nicht mit der Tür ins Haus fallen

Begrüßungen und Ettikette sind sehr wichtig. Man fällt grundsätzlich „nicht mit der Tür ins Haus", sondern äußert sein Anliegen erst nach einer gewissen Vorbereitung. Die viel direktere Art des Umgangs in westlichen Gesellschaften wird von Muslimen oftmals als unangenehm und unhöflich empfunden.

In der Manier, wie Menschen aus verschiedenen Welten mit der jeweils anderen (vermeintlichen) Wirklichkeit umgehen, treten häufig **feindliche Vorurteile** auf. In unserem mitteleuropäisch-kosmopoliten und neuzeitlich-aufgeklärten Denken erstreckt sich zwischen Orient und Okzident eine tiefe Kluft. Es gibt eine verstärkte Sensibilität und tendenziöse Hysterie des Westens gegenüber dem islamischen Kulturraum. Warum nur spukt in vielen Köpfen das Schreckgespenst vom „aufdringlichen Araber" oder der „unterdrückten Frau" als Synonym für alle Muslime? Dieses Denken gip-

Touristische Tugenden

- *Beginnen Sie Ihre Reise unvoreingenommen mit dem Wunsch, mehr über das Land und seine Menschen zu erfahren.*
- *Machen Sie sich mit den örtlichen Sitten und Gebräuchen vertraut.*
- *Respektieren Sie die Gefühle der gastgebenden Bevölkerung. Bedenken Sie, dass Ihr Verhalten eventuell jemanden ungewollt verletzen kann.*
- *Entdecken Sie, wie interessant und wertvoll es sein kann, eine andere Lebensart kennen zu lernen.*
- *Machen Sie es sich zur Gewohnheit, zuzuhören und zu beobachten anstatt nur zu hören und zu sehen.*
- *Legen Sie die Gewohnheit ab, auf alles eine Gegenbemerkung parat zu haben. Seien Sie derjenige, der eine Antwort haben möchte.*
- *Denken Sie daran, dass Sie nur einer von Tausenden Touristen im Land sind. Beanspruchen Sie keine Privilegien.*
- *Halten Sie sich vor Augen, dass andere Völker oft andere Zeitbegriffe haben. Das heißt nicht, dass diese schlechter sind - sie sind eben verschieden.*
- *Nehmen Sie sich täglich etwas Zeit, um Ihre Erlebnisse zu verdauen. Sie werden dann mehr vom Reisen haben.*
- *Fangen Sie fremde Kulturen lieber mit dem Herzen ein, als auf Zelluloid.*
- *Wenn Sie es auf Reisen wie zu Hause haben wollen, dann verschwenden Sie Ihr Geld nicht, sondern bleiben Sie lieber daheim.*

felt in der Tendenz, dass Gewalttaten unter der Sonne des Islam als erheblich bedrohlicher empfunden werden als Probleme, denen Reisende anderswo begegnen. Ein Raubüberfall in Miami oder ein Bombenanschlag im Baskenland wird als nicht annähernd so schlimm wie eine Entführung im Jemen oder ein fundamentalistischer Anschlag in Ägypten empfunden.

Pünktlichkeit bei Verabredungen

In diesem Punkt gelten in Okzident und Orient verschiedene Maßstäbe. Bei Verabredungen sollte man immer bedenken, dass „12 Uhr" ein dehnbarer Begriff ist, solange es noch nicht ein Uhr ist ... Im Businessleben sieht dies meist anders aus. Doch wer sicher gehen will, kann versuchen, ob er bei der Formulierung „12 Uhr deutsche Zeit" nicht so lange warten braucht. Oder man kommt von vornherein ein Weilchen später, allerdings nicht zu sehr, denn von Europäern weiß man ja, dass sie pünktlich sind. Oder man passt sich den orientalischen Gegebenheiten vollends an und vereinbart „vor/nach dem Mittagsgebet".

Doch Vorurteile und Angst beruhen auf Gegenseitigkeit. Traurig, aber wahr ist, dass auch Muslime vernichtende Vorstellungen von uns haben. „Alle Deutschen sind Alkoholiker", „Deutsche sind gottlos" und „in Deutschland gibt es keine Moral" kann man immer wieder in Gesprächen hören (dennoch sind deutsche Touristen allseits beliebt). Und um beim Thema Kriminalität zu bleiben: Viele Ausländer fürchten, bei einer Reise nach „good old Germany", auf der Straße überfallen zu werden oder in die Fänge rechtsradikaler Schlägertrupps zu geraten.

Und die Moral von der Geschicht'? Dichtung muss nicht gleich Wahrheit sein. Vorurteile und Feindschaften sollten am besten als unwürdig befunden werden. Dazu bedarf es einer **kritischen, aber nicht pauschalen Sichtweise.** Echtes Interesse am Verstehen des Fremden ist ein entscheidender Schlüssel, mit dem sich eine große Portion Voreingenommenheit abbauen und Pforten öffnen lassen. Vorschnelles Abstempeln als „feindlich" gewährt nirgendwo Zugang.

In der Ruhe liegt die Kraft

Was vielen Muslimen sehr schnell und unangenehm auffällt, ist die Hektik vieler Europäer. Sie haben eine andere Auffassung von **Zeit** als wir, denn „als Allah die Zeit schuf, schuf er sie reichlich". Von Eile war keine Rede. „Slow going" ist anerkanntes - und unanfechtbares - Lebensprinzip. Typisch orientalisch sozusagen.

In allen Situationen, insbesondere in denen, wo einem leicht „der Kragen platzen könnte", ist es sinnvoll, Ruhe zu bewahren. Ungeduld oder gar Zorn führen zu nichts, höchstens zu Unverständnis und zum peinlichen **„Gesichtsverlust".** Bedachtes „aussitzen" und „schön reden" hilft bei Problemen meist mehr, als wütende Argumentationsketten oder das Versprühen von „Gift und Galle".

Das Prinzip des „Gesicht Wahrens", also weder andere, noch sich selber bloßzustellen, ist sehr wichtig. Ernsthafte Konflikte gilt es so gut es geht zu vermeiden.

034ie Abb.: kf

Warten auf „Gott weiß was"

035ie Abb.: kk

Religion respektieren

Reisekleidung – Haut bedeckend und durchaus schick

Kleider machen Leute – das gilt insbesondere für Gäste in islamischen Landen. Wer ernst genommen werden möchte, sollte sich körperbedeckt und gepflegt kleiden. Das steigert das Ansehen enorm und wird mit Respekt erwidert.

Frauen sollten auf Miniröcke, Shorts, Tops, tiefe Ausschnitte, enge T-Shirts oder Leggins und durchsichtige Blusen verzichten. Um den richtigen Grad an Schicklichkeit zu treffen, gibt die Bekleidung der Frauen aus städtischen Mittelschichten einen guten Anhaltspunkt.

„Mann“ ist gut beraten, kurze Hosen und Muskelshirts für den Strand- und Poolbesuch aufzusparen. Wer in Shorts durch die Straßen geht, macht sich lächerlich, da diese von Einheimischen meist als Unterhose getragen werden.

Je strenggläubiger und traditionalistischer die Urlaubsregion, desto größer die Verantwortung zur **Anpassung.** Die Urlaubsgarderobe darf durchaus schick – jedoch nicht „overdressed“ – sein, auch in wirtschaftlich armen Regionen. Wer es sich leisten kann, eine Weile nicht zu arbeiten, in Hotels zu wohnen und mit einem Flugzeug zu fliegen, gilt ohnehin als reich, jeder „Vertuschungsversuch“ würde fehlschlagen.

In heißen Gegenden empfehlen sich leichte **Naturstoffe** wie Baumwolle, Leinen, Hanf oder Seide.

Badebekleidung sollte man grundsätzlich nur an Swimmingpools und Badestränden tragen.

Wer sich mit **traditionellen Gewändern** kleidet, wird nach außen hin zwar nur belächelt, aber Einheimische könnten sich beleidigt fühlen.

Geschlechtertrennung – Frau zu Frau und Mann zu Mann

Im Islam haben Frauen und Männer **eigene Lebenswelten.** Diese Geschlechtertrennung ist übrigens ein weltweit verbreitetes Phänomen und keine „Erfindung" der Muslime.

Den islamischen Regelungen nach gilt für beide Geschlechter das **Prinzip der Verhaltensbegrenzung.** Spätestens ab der Pubertät soll unbeobachtetes Zusammensein von nicht verwandten oder unverheirateten Damen und Herren auf ein Minimum reduziert werden. Dies bringt für alle Einschränkungen des Handlungsspielraumes und der Bewegungsfreiheit mit sich. Auch Fremde müssen diese Geschlechtertrennung akzeptieren und in manchen Situationen praktizieren.

Frauen haben den Vorteil, sowohl in die Frauen- als auch in die Männerwelt Zugang zu finden. **Ausländerinnen** werden oft als eine Art „Zwischengeschlecht" aufgenommen, d.h. sie finden in mehr Bereiche des muslimischen Männerlebens Zugang als einheimische Frauen – erst recht, wenn sie in Begleitung eines Partners sind. Es wird akzeptiert (auch wenn es nicht unbedingt als schicklich gilt), wenn Touristinnen in ein Kaffeehaus gehen, in der Öffentlichkeit Wasserpfeife rauchen, mit fremden Männern sprechen oder an Herrengesprächsrunden teilnehmen.

Vielerorts haben Restaurants oder Cafés eigene Räumlichkeiten für Frauen und Familien. In manchen Ländern werden **in öffentlichen Bereichen** spezielle Frauentage angeboten, z. B. in Bibliotheken, Museen, Parks, Kinos, Sporteinrichtungen, Behörden, Postämtern oder Bankfilialen. Viele Hochschulen haben getrennte Fakultäten und natürlich Unterkünfte. Diese Separation dient nicht

▲ *Nicht immer gilt Geschlechtertrennung*

unbedingt dem Zweck, „Sie" zu diskriminieren oder aus der Öffentlichkeit zu „verbannen", sondern so soll orthodoxen Damen (bzw. den Ehefrauen strenger Muslime) die Inanspruchnahme solcher Institutionen und ein ungestörtes „Unter-sich-sein" ermöglicht werden. Sicherlich kann es je nach Kulturkreis und religiös bzw. politisch herrschenden Einstellungen oder fundamentalistischen Strömungen zu anderen Auslegungen im Sinne von „Ausschluss" kommen. Und gewiss gibt es Männer mit patriarchalischer oder machohafter Einstellung, die dies entsprechend formulieren und begrüßen.

Männern – egal ob einheimischen oder ausländischen – bleiben **Frauendomänen** grundsätzlich verwehrt. Nicht-muslimische Herren sollten daher umsichtig sein und niemals zu tief in diese fremden Welten, insbesondere nicht in häusliche Frauenbereiche oder die oben genannten öffentlichen Einrichtungen, vordringen.

▶ *Männerfreundschaft*

Vorsicht heißt es bei **Körperkontakten** zum anderen Geschlecht. Unbekannte Männer sollten einer Muslima niemals zu nahe treten und damit sie sowie ihre Familie entehren. Europäerinnen sollten gegenüber muslimischen Männern höfliche Distanz wahren. Händchenhalten unter Paaren ist nicht verwerflich, aber Küsschen oder gar Küsse sollten nur in trauter Zweisamkeit ausgetauscht werden.

Zwischen muslimischen **Geschlechtsgenossen** sind Zärteleien verbreitet. Frauen schlendern Arm in Arm durch den Park, Polizisten sieht man auch mal Hand in Hand Streife gehen. Freundinnen und Freunde begrüßen sich untereinander mit Wangenküsschen genauso wie Schwestern und Brüder. Das Ganze hat nichts mit Homosexualität zu tun. In muslimischen Ländern sind Bündnisse innerhalb der Geschlechter weitaus stärker ausgeprägt, als dies bei uns in Europa bekannt ist. Kumpanei zwischen Mann und Frau gibt es nur als Ausnahme.

Frauen alleine unterwegs – selbstbewusst und distanziert

Geschlechtertrennung ist ein wichtiges Prinzip der muslimischen Gesellschaft. Wie streng es wirkt, ist von Gegend zu Gegend unterschiedlich.

! Europäerinnen sollten sich immer bewusst sein, dass muslimische Frauen niemals ohne männliche Begleitung reisen würden und dass alleinreisende Ausländerinnen daher jede **Norm sprengen.** Sie bewegen sich als eine Art „Fremdkörper" in einer Männerwelt und senden eine „weibliche Kraft" aus, die in vielen patriarchalen Gesellschaften am liebsten aus der Öffentlichkeit verbannt werden soll.

Europäerinnen werden im Allgemeinen als freizügig und erlebnishungrig eingeschätzt und haben vermeintlich lockere Moralvorstellungen. Nach **orientalischem Männerdenken** sind sie Garantinnen eines freien Zugangs zu sexuellen Erlebnissen.

Wer **als Frau solo** oder in Begleitung einer anderen Weiblichkeit durch islamische Gefilde reist, muss sich noch stärker den Sitten anpassen als eine (zumindest theoretisch) unantastbare Gattin in Begleitung ihres „Anstandsmannes".

Alleinreisende Frauen sollten überlegen, ob sie sich wirklich als **Single** outen oder sich besser als **verheiratet** (dann durch einen Ehering verdeutlicht) bzw. geschieden ausgeben. Ein Kompromiss kann sein, sich als **verlobt** vorzustellen. Die Konstellation, dass Frau zwar verheirat ist, aber auf eigene Faust durch fremde Lande reist, rettet einerseits wenigstens ansatzweise die eigene Ehre und schützt vor der einen oder anderen Anmache, stößt aber andererseits auf Unverständnis. Was ist das nur für ein Mann, der seine Angetraute schutzlos reisen lässt und was für eine Frau, die sich einsam in anderen Welten herumtreibt?

Im Gespräch steht die **Frage nach dem Ehestand** meist an vorderster Stelle, gefolgt von der Erkundigung, **wie viele Kinder** man hat. Wer angibt: „keine", erntet bedauernde Bemerkungen. Ehemännern wird von Muslimen oft geraten, sich scheiden zu lassen und eine andere (fruchtbarere) Frau zu ehelichen. Die Vorstellung, verheiratet zu sein und keinen Nachwuchs zu haben, verfehlt nach islamischer Ansicht den Lebenssinn. Egal, wie die Kinderlosigkeit erklärt wird, die Argumente werden meist als nicht stichhaltig angesehen.

Von Provokation über auffällige Freundlichkeit bis hin zu offenen sexuellen Angeboten muss eine alleinreisende Frau mit jeglicher **Anmache** rechnen. Sie muss mitunter schnell feststellen, dass besonders dort, wo es von Natur aus eng ist (Bus, Gedränge ...), Männer gerne „Kontakt suchen" (aber das ist kein exklusiv-islamisches Phänomen).

Je jünger und attraktiver Frau ist, desto mehr wird sie in den **Mittelpunkt der männlichen Aufmerksamkeit** rücken. Es ist ratsam, sich immer wieder dieser konzentrierten Aufmerksamkeit zu entziehen und Maßnahmen zum Selbstschutz zu ergreifen – nicht weil es sonst gefährlich wird, sondern um mehr Ruhe zu haben.

! Die **ständige Eigenkontrolle** von Verhalten, Ausstrahlung und Kleidung ist unabdingbar. Goldene Grundregel: „Sie" sollte stets freundlich und zurückhaltend, aber durchaus selbstbewusst auftreten.

Um Unannehmlichkeiten zu vermeiden und Anmachen zu reduzieren, sollten Frauen sich **körperbedeckt kleiden** und weibliche Formen so wenig wie möglich zur Schau stellen. Offenherzige Textilien sind für die meisten Muslime ein eindeutiges Zeichen für mangelnde Moral. Züchtige Garderobe ist wichtig, damit „Frau" nicht als leibhaftige Provokation dasteht und die „Ventilfunktion" für angestaute männliche Sexualbedürfnisse erfüllt.

Direkter **Augenkontakt** wird von muslimischen Männern häufig und gerne als Annäherungsversuch interpretiert. Sieht eine Ausländerin einen Muslim zu intensiv an, scheint das für so manchen Macho der Startschuss zu sein ... Bei **Einladungen** von unbekannten Männern sollten Touristinnen immer vorsichtig sein. Der Grund wird mitunter nicht Gastfreundschaft, sondern sexueller Natur sein. Sich auf einen Mann näher einzulassen heißt im günstigsten Fall eine Liebestragödie zu inszenieren.

Das Zauberwort „'Aib"

Wer sich als Frau gegen Zudringlichkeiten wehren möchte, kann zu einem kleinen „Zauberwort" greifen. Lauthals ausgerufen, ermahnt es den Unhold zum einen, sich auf die traditionellen Verhaltensnormen zu besinnen. Zum anderen weckt es auch die Aufmerksamkeit der umstehenden Leute. „'Aib" lautet das kleine arabische Wort, das übersetzt schlicht „Schande" heißt, aber über eine beachtliche Stärke verfügt.

Körperkontakte zu Männern sollten höflich, aber demonstrativ vermieden werden.

Das **Alleinsein mit einem Muslim** an einem abgelegenen Ort stellt immer eine spannungsgeladene Situation dar, die besser von vornherein vermieden wird.

Platonische Freundschaften zwischen Touristinnen und muslimischen Männern sind eher unerfüllbar, denn beide leben in zu unterschiedlichen Welten. Für die meisten Muslime ist eine Vertrautheit zwischen den Geschlechtern oder nichtverwandten Personen nicht nachvollziehbar. Es bedarf einer langen Zeit des kritischen Kennenlernens. Die „Fronten" sollten klar abgeklärt sein und selbst wenn wirklich eine Kameradschaft entstanden ist, bleibt die Position der Frau oft zwiespältig.

Frauenfragen in der Diskussion

Um den Rang der muslimischen Frau ranken sich oftmals schemenhafte Vorstellungen und Vorurteile. Ein Schreckensbild der entrechteten, zwangsweise versteckten, in schwarze Tücher gehüllten, gesichtslosen Muslima zieht sich durch die vermeintlich selbstständigen Köpfe des Abendlandes. Emanzipation und die Partizipation der Frauen am öffentlichen Leben gilt dem Westen als eine Art Gradmesser für gesellschaftlichen Fortschritt.

Doch oftmals sind dies stereotype Engstirnigkeiten, die von der Realität weit entfernt liegen. Es gibt nicht „Die Frau im Islam". Zum einen, weil gesellschaftliche Realitäten nicht allein das Ergebnis einer Religion sind und zum anderen weil die Wirklichkeit viel zu komplex ist.

Will man sich mit Frauenfragen im Islam beschäftigen, so muss man bedenken, dass im Laufe der Jahrhunderte trotz dieser allumfassenden Religion und Lebensideologie eine Vielfalt von Meinungen und Ausformungen entstanden sind. Die heutigen Rollen der Frauen in den Gesellschaften der vielen muslimischen Länder ist sehr unterschiedlich. Auch innerhalb dieser Gemeinschaften gibt es zum Teil stark konträre Auffassungen zwischen verschiedenen islamischen Rechtsschulen sowie zwischen Reformisten und Fundamentalisten. Einzelne Frauen beurteilen ihre gesellschaftliche Position oft sehr unterschiedlich und verhalten sich (wenn das politische System und ihr familiäres Umfeld es zulassen) in einer Bandbreite, die sozusagen von „streng gläubig" bis „emanzipiert" definiert werden kann. Zudem variieren die sozio-ökonomischen Lebensumstände: Der Alltag einer Landarbeiterfrau ist anders als der einer Städterin des Bildungsstandes.

In nahezu allen Kulturen unterliegen Frauen weitaus größeren sozialen Zwängen als Männer. Vieles, was das Leben von muslimischen Frauen betrifft, rührt nicht unbedingt vom Islam her. So etwa die Verschleierung oder die Mädchenbeschneidung.

Viele Diskussionen drehen sich um eine Unterdrückung der Frau durch den Islam, doch ist dies überhaupt die richtige Formulierung? Diese Auffassung verdrängt ähnliche Probleme im eigenen Land und schiebt alles auf die Religion.
Für alle Missstände, die in „unserer" Gesellschaft vorgehen, würde keiner allein die Bibel verantwortlich machen. Doch selbst in diesem Buch der Bücher zeigt sich ein patriarchales Gesellschaftsbild. Anders wird mit dem Islam umgegangen, wo der Koran meist für alles herhalten muss.
Kann ein Stück Stoff wie ein Kopftuch tatsächlich als Indikator für Entrechtung herangezogen werden? Der Blick muss tiefer gehen. Ob religiöse Pflicht oder nicht: Frauen können durch das Tragen eines Kopftuches oder Schleiers ihre tiefe religiöse Haltung äußern. Dies entspricht dem Recht auf Religionsfreiheit und muss toleriert werden. Kritik ist so lange unangebracht, wie Ausländerinnen für sich beanspruchen, in einem islamischen Land in freizügiger Kleidung durch die Gassen zu bummeln.
So zweideutig manche Koranverse rund um die Themen Geschlechtertrennung, Verschleierung oder Mehrehe auch interpretiert werden können, die meisten Gebote in Bezug auf die Frau wurden zu Muhammads Zeit mit dem Sinn formuliert, ihr einen Rechtsstatus zukommen zu lassen. Vor dem Hintergrund der europäischen Aufklärung mag Nichtmuslimen manches nachteilig erscheinen, doch gilt es zu bedenken, dass in der von Missständen geprägten arabischen Welt zur Zeit des Propheten, in der Frauen ähnlich rechtlos wie Sklaven behandelt wurden, die durch den Islam eingeführten Neuerungen wichtige Errungenschaften waren.
Wer Näheres über die Situationen von Frauen im islamischen Kulturkreis erfahren möchte, sollte nicht zu sehr den Koran studieren sondern Gespräche mit muslimischen Frauen suchen oder Literatur von Autorinnen aus islamischen Ländern lesen (deutsche Übersetzungen gibt es genug) und all dies auch mit Blick auf die Situation von Frauen in anderen Kulturkreisen analysieren.

Urlaubsfotos – Motivsuche mit Höflichkeit

Beim Fotografieren – und besonders beim Filmen – von Menschen ist **Höflichkeit** oberstes Gebot. Die Würde sollte gewahrt bleiben und niemand sollte zum „Motiv“ degradiert werden, das quasi „abgeschossen“ wird.

Aus Respekt sollte man **keine Nahaufnahmen von Personen machen,** ohne deren Zustimmung zu erfragen. Absagen sollten akzeptiert werden und einem nicht die Laune verderben. Dies gilt insbesondere gegenüber muslimischen Frauen.

Für Muslime, die den Islam streng interpretieren, ist die Abbildung von Menschen in jeglicher Form verpönt. Doch sehen viele es mit dem **Bilderverbot** heute nicht so eng. Der Fotoapparat gehört bei vielen Familienausflügen oftmals genauso selbstverständlich dazu wie der Picknickkorb. In etlichen Ländern sind riesige Porträts der Staatsoberhäupter in fast jeder Wohnstube und unzähligen Kramläden zu finden.

Ohne ausdrückliche Erlaubnis sollte man selbstverändlich **keine religiösen Zeremonien ablichten.**

Moscheebesuch – bitte Schuhe aus

In einer Anzahl von Ländern ist nur Muslimen der Eintritt in Moscheen gestattet, in einigen Regionen finden aber **auch Andersgläubige Eintritt.** Doch auch wenn Nicht-Muslimen Einlass gewährt wird, so kann es sein, dass dieser für die Zeiten der Pflicht-

039ie Abb.: kk

gebete sowie des Freitagmittaggebetes, der wichtigsten Andacht der Woche, verwehrt wird.

In Moscheen, die eine buchstäbliche Touristenattraktion darstellen, sind viele der unten genannten **Anstandsregeln** nicht zwingend erforderlich. Aber dennoch wäre es lobenswert, auch an solchen Touristenorten Respekt zu zeigen. Wer dies tut, wird auch nicht als sittenlos abgestempelt.

- Vor dem Betreten der Moschee muss jeder seine **Schuhe ausziehen.** Mitunter stehen Schuhregale bereit, oft bleiben sie aber einfach vor dem Portal liegen. Wenn Sie Angst um Ihre wertvollen Treter haben, können Sie diese auch mit hinein nehmen, sie müssen aber mit aneinander gelegten Schuhsohlen getragen werden und sollten nirgendwo abgestellt werden. Der Grund ist ganz einfach: Schuhe sind meist dreckig und wer möchte schon den Ort, an dem er sich zum Gebet niederlässt, schmutzig wissen. Doch nicht nur die objektive Reinlichkeit ist wichtig, auch die rituelle Reinheit gilt es zu wahren.
- Sowohl Männer als auch Frauen sollten **körperbedeckt bekleidet** sein. Muskelshirts, Shorts,

038ie Abb.: kk

Miniröcke oder bauchfreie Tops sind generell die unpassendste Form der Reisebekleidung in islamischen Ländern, aber um Moscheen sollten Sie damit auf alle Fälle einen Bogen machen.

- Als Frau müssen Sie Ihr Haupthaar mit einem **Kopftuch** bedecken.
- In manchen Ländern oder Moscheen werden Frauen nur mit einem knöchellangen, dunklen **Mantel** eingelassen. Kommen öfters Touristen, so liegen mitunter solche Mäntel bereit.
- Bitte fassen Sie keines der bereit liegenden **Koran-Bücher** an. Es ist eine heilige Schrift und strenge Muslime sehen es nicht gerne, wenn sie mit vielleicht schmutzigen Händen oder unreinen Gedanken angefasst wird.

Rituell rein

Gebetsorte müssen rituell rein sein. In Moscheen ist dies ohnehin der Fall, aber um dies anderswo zu erreichen, wird ein Gebetsteppich ausgebreitet, der nur für diese Funktion verwendet wird. Aber auch ein Stück Tuch (Männer nehmen oft ihre Kopfbedeckung) oder ein Stück Packpapier kann Mittel zum Zweck sein.

- **Nicht direkt vor einem Betenden hergehen,** denn dadurch verliert das Gebet seine Gültigkeit und der Betroffene darf – oder muss – noch einmal von vorne anfangen, sich mit dem Gebet an Gott zu wenden.
- **Bitte fotografieren oder filmen Sie respektvoll** und lichten Sie niemals einen Betenden ab – auch nicht heimlich!
- **Leises und unauffälliges Verhalten** sollte selbstverständlich sein.
- Es ist durchaus in Ordnung, sich eine Weile auf dem Teppich niederzulassen, die Gedanken zu sammeln und einfach nur zu schauen, was vor sich geht.

Das heilige Buch respektieren

Dem Koran, den schriftgewordenen Worten Gottes, sollte der entsprechende Respekt entgegengebracht werden. Ein Koran darf nur an sauberen Orten - im hygienischen und moralischen Sinne - aufbewahrt und gelesen werden. Bevor man in ihm aufschlägt, sollte man sich waschen und solange man die Texte liest, sollte man nicht essen, trinken oder rauchen. Ist man fertig, so darf kein anderes Buch außer einem Koran auf ihm abgelegt werden.

040ie Abb.: kk

Ramadan – mitmachen im heiligen Fastenmonat

Der Koran gebietet allen erwachsenen und gesunden Muslimen, dass im Ramadan tagsüber **nicht gegessen, getrunken und geraucht** wird. Zugleich führen sie während dieses Monats, in dem Muhammad am 27. Tag seine erste göttliche Offenbarung erfuhr, ein besonders religiöses und besinnliches Leben.

Ausländer, die sich in dieser Zeit in einem islamischen Land aufhalten, sollten sich ebenfalls an diese Regeln halten – zumindest in der Öffentlichkeit. Was hinter den Türen der Hotelzimmer vorgeht, interessiert nicht weiter.

Wie strikt diese Ramadan-Regeln eingehalten werden müssen, hängt natürlich vom Land ab. Im strenggläubigen Saudi-Arabien bewirken Zuwiderhandlungen Ärger mit Religionswächtern. Anders

Postkarten zum Fest

In gewissem Sinne ist der Ramadan ein Festmonat. Gegenseitige Glückwünsche sind allgegenwärtig und auch als Nicht-Muslim sollte man Freunden und Bekannten einen „glücklichen Ramadan", „Ramadhān sa'īda" wünschen. Besonders beliebt ist das Verschicken von Grußpostkarten. Wer in Deutschland ist, kann sie in zahlreichen arabisch oder türkisch geführten Haushaltswarenläden kaufen und an Freunde in der Ferne senden.

041ie Abb.: kk

beispielsweise in Malaysia, wo neben dem Islam auch viele andere Religionen praktiziert werden und die Handhabung lockerer ist.

Die meisten **Restaurants, Imbisse und Cafés** haben am Tag geschlossen und dafür abends länger offen, mitunter bis zum Morgengrauen. In den Touristenhotels der meisten islamischen Gegenden bekommt man sein Essen wie gewohnt serviert.

Auch **tagsüber einzukaufen** ist völlig in Ordnung, solange Lebensmittel brav in die Einkaufstasche gepackt werden, um bei den Fastenden keinen Appetit zu erwecken.

! Die größte Einschränkung ist nicht unbedingt der Verzicht auf Essen, sondern besteht wohl darin, **in der Öffentlichkeit nichts zu trinken,** auch wenn die Sonne eventuell noch so brennt und die Kehle noch so ausgetrocknet ist. Raucher haben neben Durst noch mit Schmacht zu kämpfen.

Wer Bekannte oder Freunde einladen möchte, sollte nicht vergessen, **Einladungen zum Essen** auf den Abend zu legen.

Da fromme Muslime während des Ramadan ein besonders religiöses Leben führen, ist es angebracht, sich **körperbedeckter als sonst zu kleiden.** Muslimische Frauen haben ihr Kopftuch züchtig verknotet und viele tragen einen weiten, schwarzen Übermantel, auch wenn sie sonst ohne gehen.

Während des Fastenmonats verläuft das **öffentliche Leben** tagsüber **mit Einschränkungen,** Banken und Behörden, Büros, Museen haben verkürzte Öffnungszeiten. Viele Leute machen die Nacht durch und sind tagsüber entsprechend müde oder gereizt. Typische Entschuldigung: „Ich faste ...".

Trotz gewisser Entbehrungen hat der Ramadan auch **Vorteile:** Tagsüber ist es ruhiger, was von vielen Reisenden als angenehm empfunden wird. Nahezu alle haben ihre (Freizeit-) Aktivitäten auf den Abend verlegt – die Nacht wird quasi zum Tag. Geschäfte haben länger geöffnet, Restaurants schließen oft erst in den frühen Morgenstunden und aus den Häusern strömen die leckersten Gerüche durch die Gassen. Viele große Touristenhotels bauen Extra-Zelte auf und dekorieren sie mit bunten Teppichen, Kissen und Stoffen zu einer Art Beduinenlager. In ihnen werden fast die ganze Nacht Getränke, Datteln, Süßigkeiten und Wasserpfeifen serviert, Musik und Tanz sorgen für eine ausgelassene Stimmung.

Business im Ramadan

Wer aus geschäftlichen Gründen in islamische Länder reisen möchte, sollte den Ramadan möglichst meiden. Viele Muslime nutzen die Zeit für ihren Urlaub, reisen umher und besuchen Verwandte. Zudem blockieren eingeschränkte Öffnungszeiten von Behörden und Büros einen reibungslosen Geschäftsabschluss.

Das Schönste am Ramadan ist das **Fastenbrechen** am Ende des Monats (siehe Kapitel „Feste feiern", „Religiöse Festtage"). Ein drei- bis viertägiges Fest – ähnlich unserem Weihnachtsfest – gibt Anlass zu ausgiebigem Schlemmen und Feiern. Kinder werden mit Geschenken und Süßigkeiten überhäuft, alle ziehen schöne neue Kleider an, Familienmitglieder und Freunde werden reihum besucht.

Woher kommst du?

In islamischen Ländern ist die räumliche Herkunft sehr wichtig. Lautet die erste Frage bei uns meist „Was machen Sie beruflich?" um die gesellschaftliche Stellung eines Fremden zu erkunden, so ziehen Muslime gerne Rückschlüsse aus der Herkunft. Bei Ausländern ist deren Heimatland und bei Landsleuten deren Dorf oder Stadtteil entscheidend.

Religiöse Gesprächsthemen – Konversation mit Diplomatie

Bei Gesprächen über Religion ist **Zurückhaltung** geboten, insbesondere wenn man sein Gegenüber noch nicht gut kennt. Wenn sich das Thema bei aller Höflichkeit nicht ausklammern lässt oder man Interesse am Austausch hat, bitte **keine Kritik üben.**

Bei kontroversen Diskussionen sollte man lieber die **Zuhörerrolle annehmen.** Positive Merkmale des Islam hervorheben (Familienzusammenhalt, Almosengaben ...) und kulturelle oder historische Errungenschaften anerkennen. Bitte nicht der Versuchung erliegen, mit Wissen zu brillieren. Das steht jeder positiven Gesprächsentwicklung im Wege. In heiklen Situationen kann man immer gut dazu übergehen, Verständnisfragen zu stellen.

Nie ohne Religion

Es ist geschickter, sich als Christ auszugeben, wenn man eher atheistisch eingestellt oder aus der Kirche ausgetreten ist. Keiner Religion anzugehören ist für Muslime unvorstellbar.

Eine große Zahl von Muslimen weiß erstaunlich viel über das Christentum – oftmals mehr als man selbst. **Parallelen ziehen** ist geschickter, als einen eventuellen Vorzug der einen Religion gegenüber der anderen zu erörtern. Kritik am eigenen Glauben sollte höflich, aber entschieden abgeblockt werden, egal ob berechtigt oder unberechtigt. Wer sich auf einen solchen Gesprächspfad einlässt, braucht sonst ein Buschmesser und am Ende sind womöglich alle Beteiligten missgestimmt.

Unbedingt vermeiden sollte man es, in innermuslimische Gespräche einzusteigen. Lieber **Erkenntnisse aus dem Zuhören** schöpfen.

Ähnliche Gesprächsdiplomatie gilt es übrigens in punkto **Politik** zu beachten.

Titel, Ränge, Würden – Sultan, Scheich, Sohn

Die von Muslimen meist verwendete und für westliche Ohren verwirrende, **arabische Namensfolge** fügt sich traditionell aus drei bis sechs Elementen zusammen. Sie geben zunächst Aufschluss über den eigenen Namen sowie den des Vaters und eventuell auch des Großvaters und Urgroßvaters. In den einst übersichtlichen Gesellschaften der frühislamischen Zeit ließ sich durch diese Genealogie die Identität eines Menschen verlässlich feststellen. Bevor in muslimischen Ländern Familiennamen nach europäischem Vorbild gebräuchlich wurden, war die Abstammung fester Namensbestandteil – und dies setzt sich bis heute vielerorts fort.

Namen richtig aussprechen!

Da arabische Vornamen mit einem tiefen Sinn behaftet sind, sollte man sich um eine möglichst korrekte Aussprache bemühen, auch wenn sie für Neulinge noch so große Zungenbrecher sind. Eventuelle Scherzversionen und Veralberungen des Namens können als Demütigung aufgefasst werden.

Vornamen haben meist eine konkrete Bedeutung: 'Abdallāh ist der „Knecht Gottes", Mubārak ist „gesegnet" und 'Amira eine „Prinzessin". Der wohl häufigste Name ist Muhammad. In nahezu jeder Familie kann man einen jungen oder alten Muhammad antreffen, denn die Segenskraft, die vom Namen des Propheten ausgeht, ist groß. Insbesondere Erstgeborenen kommt diese Würdigung häufig zuteil. Arabisch-islamische Vornamen gelten als Zeichen der Zugehörigkeit zum Islam. Daher sind sie in der gesamten muslimischen Welt, von Schwarzafrika bis Indonesien, verbreitet.

Hinter dem Eigennamen folgt bei Jungen „'Ibn" = „Sohn des ..." und bei Mädchen „Bint" = „Tochter des ...". „Munīra bint Ahmad" bedeutet also

„Munīra, Tochter von Ahmad". Für Väter gibt es die entsprechende arabische Bezeichnung „'Abu" = „Vater des". Ein ehrenvoller arabischer Frauentitel ist „'Umm" = „Mutter von", gefolgt vom Vornamen ihres ältesten Sohnes.

Arabische **Frauennamen** ändern sich nach der Heirat nicht. Ein Ehemann wird seine Angetraute meist, wie beschrieben, als „Tochter des" und nur selten als „seine Frau" benennen.

Nach diesen verwandtschaftlichen Verhältnissen folgen Angaben über die **gesellschaftliche oder geografische Herkunft,** etwa einer Familie, eines Herrschergeschlechtes, eines Stammes oder einer Stadt.

Auch der **soziale Rang** wird im Namen offenbart, ganz offensichtlich bei Staatsführern, die je nach Regierungsform Emir (arab. „'Amir"), König („Malik"), Sultan („Sultān") oder Präsident („Ra'īs") genannt werden.

Auch **Scheichs** können Staatsführer sein, das arabische „Shaikh" kann übersetzt werden mit „Ältester", „Verehrungswürdiger". Mit diesem Titel bezeichnet man Stammesälteste und -oberhäupter, Vorstände von Familienverbänden, Adelige und deren Söhne. Scheich ist auch ein **Würdentitel** für Religionsgelehrte, die über geistige und rechtliche Autorität verfügen. Der Scheich-Titel wird durch Erbfolge übertragen. Religionsgelehrte können auch „'Imām", „'Ulāma" oder „Muftī" heißen.

Muslime, die ihre Pilgerfahrt zu den heiligen Stätten von Mekka unternommen haben, tragen den arabischen Ehrentitel **„Hadj".**

Neben diesen verwandtschaftlichen, gesellschaftlichen oder geografischen Elementen ist oft auch der **Beruf** Teil der Titulierung. Typische arabische Bezeichnungen sind beispielsweise „'Imām" (= Vorbeter einer Moschee), „Qādī" (= Richter), „Hakīm" (= Arzt).

042ie Abb.: kk

Begrüßungsrituale

Händedruck? Hand aufs Herz?

Begrüßungen sind in allen muslimisch geprägten Gesellschaften sehr wichtig und haben fast schon **rituellen Charakter.**

Wer wen wie begrüßt hängt allerdings stark davon ab, welche Beziehung diejenigen Menschen zueinander haben. Werden Autoritätspersonen, Würdenträger, Eltern, Geschwister, gute Freunde oder Fremde empfangen? Ausschlaggebend ist auch das Geschlecht des Gegenüber.

In der Öffentlichkeit grüßen sich **Frauen und Männer,** die nicht miteinander verwandt sind, sehr zurückhaltend und meiden möglichst jede Berührung.

Linkshänder aufgepasst

Die linke Hand gilt Muslimen als unrein, da sie zum Waschen nach der Notdurft dient. Daher sollte man beim Händeschütteln nur seine Rechte reichen. Aber auch beim Bezahlen oder Überreichen von Geschenken oder Heranwinken von Personen sollte nur die rechte Hand zum Einsatz kommen.

Unter Geschlechtsgenossen und zu Fremden ist ein Händedruck oft üblich, allerdings werden ausländische Frauen in diesem Punkte meist wie ein Mann behandelt.

Viele Araber führen bei der Begrüßung ihre rechte **Hand zum Herzen** (zum eigenen Herzen!) und unterstreichen damit ihre Herzlichkeit. Diese ausdrucksstarke Geste können auch Ausländer zeigen.

Je nach Volk gehören Schultern berühren, Hände ineinanderlegen, Fingerspitzen betasten, Hand küssen oder Nasen reiben zum Repertoire. Weit verbreitet sind **Wangenküsschen.** Alle letztgenannten Gesten werden in der Öffentlichkeit nur unter vertrauten Geschlechtsgenossen ausgetauscht.

Wie geht es dir? – Gut, Gottlob!

Die arabische Begrüßung ist eine streng **festgelegte Zeremonie,** in der man sich höflich nach der gegenseitigen Gesundheit und dem Wohlbefinden der Angehörigen erkundigt. Allerdings sollte die direkte Frage „Wie geht es deiner Frau?" ausgeklammert bleiben, denn das ist Privatsache (es sei denn, eine Frau stellt diese Frage und kennt die Angetraute des Gegenübers persönlich). Lieber pauschal nach der Familie fragen.

Das Ganze ist ein **wortreiches Frage- und Antwortspiel.** Viele Begrüßungen bedingen feste Antwortformeln und nur vage oder bestenfalls unter guten Freunden wird zugegeben, dass es einem eigentlich gar nicht so gut geht. Auf „Wie geht's?" wird (auch) im Orient keine genaue Beschreibung

Ein Morgen des Lichtes

Hier die wichtigsten und universellsten arabischen Grußformeln in wörtlicher Übersetzung:

- *„Friede sei mit euch.": „As-salām 'alaikum." Antwort: „Und Friede sei mit euch": „Wa 'alaikum as-salām"*
- *„Hallo.": „Marhabā." Antwort: „Marhabā"*
- *„Ein Morgen des Guten.": „Sabāh al-khair." Antwort: „Ein Morgen des Lichtes.": „Sabāh an-nūr." Blumig: „Ein Morgen des Jasmin.": „Sabāh al-yāsmīn."*
- *„Ein Abend des Guten".: „Msā al-khair." Antwort: „Ein Abend des Lichtes.": „Msā an-nūr." Blumig: „Ein Abend der Rose.": „Msā al-ward."*
- *„Wie ist die Lage?": „Kayf al-hāl?" Antwort: „Der Lobpreis für Gott.": „Al-hamdu li-Allāh." oder „Gut.": „Kwayyis." Dann stets Gegenfrage anschließen: „Wie ist die Lage?": „Kayf al-hāl 'ant?" (zu Mann) bzw. „Kayf al-hāl 'anti?" (zu Frau). Antwort: „Al-hamdu li-Allāh." oder „Kwayyis."*

043ie Abb.: kk

der Befindlichkeit erwartet, es geht einfach „Gut." In der arabischen Sprache wird allen erfreulichen Nachrichten – und das sollten auch alle Antworten auf das Wohlergehen sein – ein **Lob auf Gott** angefügt, schließlich ist er der Stifter dieses Glücks.

Als Schlussakt des umfangreichen Begrüßungsreigens werden **gute Wünsche** ausgetauscht.

Wer **zum ersten Mal** eine echt arabische Begrüßungsszene erlebt, dem wird einiges zunächst sehr spanisch – pardon, arabisch – vorkommen. Doch die Erkenntnis, dass arabische Empfänge ebenso wortreich wie warmherzig sind, folgt schnell. Tatsächlich gibt es eine Unmenge von Begrüßungsformeln. Manche sind nur an bestimmte Situationen, Tageszeiten oder Personen gebunden. Oftmals wird Gott mit einbezogen. Etikette bedeutet Arabern sehr viel, also sollte man, selbst wenn man es eilig hat, Ruhe bewahren und das ganze Zeremoniell über sich ergehen lassen.

Was tun bei Unsicherheit?

Wer unsicher ist, wie er bei Begrüßungen Fettnäpchen vermeidet, sollte zurückhaltend beobachten, wie sich der Gegsprächspartner und die eventuell anderen Anwesenden verhalten und entsprechend reagieren. Im Zweifelsfall lieber zu schüchtern, als vielleicht zu forsch auftreten.

Begrüßungsrituale

044ie Abb.: kk

Gastfreundschaft

Herzlich willkommen!

An vielen Stellen des Koran ist die Rede davon, dass man sich gegenüber Reisenden großzügig verhalten sollte. Und so ist Gastfreundschaft allgegenwärtig. Am häufigsten sind **spontane Einladungen** zum Kaffee oder Tee, zu Datteln, zu Obst oder einer landestypischen Süßspeise. Sie abzuschlagen gilt als unhöflich und die Begründung, keine Zeit zu haben, stößt auf Unverständnis.

„'Ahlan wa sahlan" ist ein sehr höflicher arabischer **Willkommensgruß** und heißt wörtlich „Angehörige und leicht" und bedeutet im übertragenen Sinn „Als Angehörige (und nicht etwa als Fremde) seid ihr willkommen und leicht sollt ihr es haben".

Jedem Reisenden sollte klar sein, dass er sich in einem gewissen Rahmen den islamischen Sitten und Gebräuchen anpassen muss. Es wäre schön, wenn jeder das Verständnis entwickeln würde, dass er meist wie oben beschrieben als „Angehöriger" angesehen wird und sich entsprechend **gastwürdig,** höflich und zurückhaltend verhalten sollte.

Es kann durchaus geschehen, dass man während seiner Danksagung für erhaltene Gastfreundschaft den Gastgeber **Lobpreisungen an Gott** aussprechen hört. Nicht nur der Besucher ist es, der sich für

Gastfreundschaft und Übereifer

Überall im Orient kann es vorkommen, dass auf die Frage nach dem Weg mit einem netten Lächeln spontan die Richtung gewiesen wird. „Klasse, der kennt sich aus, vielen Dank!" mag der Hilfe Suchende denken. Aber wenig später zeigt sich, dass unterschiedliche Personen auf die wiederholte Frage nach dem selben Ziel in völlig entgegengesetzte Himmelsrichtungen weisen.
Viele sind ganz einfach so hilfsbereit, dass sie ihren Gesprächspartner nicht enttäuschen wollen und lieber freundlich etwas Falsches sagen, als ihn vor den Kopf zu stoßen. Abgesehen davon wäre es ein peinlicher Gesichtsverlust zuzugeben, dass man nicht Bescheid weiß.
Die Frage nach dem Weg steht übrigens nur als Beispiel für viele andere Situationen - also aufgepasst!

empfangene Gastlichkeit zu bedanken braucht, nein, nach muslimischem Verständnis hat auch der Gastgeber Grund zum Danken. Er kann sich glücklich schätzen, dass Gott ihm die Chance zur Ausübung seiner Großzügigkeit gegeben hat. (Vor diesem Hintergrund ist auch verständlich, dass sich viele Muslime nach der Spende von Almosen bei der bedürftigen Person bedanken.)

Kaffee oder Tee gefällig?

Wie zwei Zaubergetränke bringen Kaffee und Tee sowohl Freunde als auch Fremde und sogar Feinde zusammen. Beim gemütlichen Beisammensein tauschen sie Neuigkeiten aus, feilschen über Geschäfte, klären Familienangelegenheiten oder diskutieren über Gott und die Welt.

Kaffee wird in den unterschiedlichsten Varianten angeboten: Beduinenkaffee, Milchkaffee, türkischer Kaffee, Bohnenkaffee oder auch ein Aufguss aus den Schalen der Kaffeebohnen gibt es in den verschiedenen islamischen Gegenden.

Tee gilt als Würze des Alltags. Daher wird er in nahezu allen islamischen Ländern zu jeder Tageszeit getrunken. Meist wird schwarzer Beuteltee – mit oder ohne Milch – oder grüner Tee aus losen, getrockneten Blättern aufgebrüht.

Das Nationalgetränk in Marokko ist **Pfefferminztee** aus frischen Blättern, die in heißem Wasser oder grünem Tee einige Minuten ziehen müssen. Im Nahen Osten wird gerne **Hibiskusblütentee** getrunken.

Original-orientalisch schmeckt **schwarzer Tee,** der mit einigen getrockneten Nelken, Ingwer, Zimt, Thymian oder Kardamomkapseln aufgekocht wird. Doch welcher Tee auch immer: Wichtig ist, er muss süß sein – sehr süß! Tee ohne **Zucker,** das ist wie eine Blume ohne Duft.

Kaffee auf Beduinenart

Besonders interessant schmeckt traditioneller Beduinenkaffee. Seine Zubereitung birgt Finessen: Zunächst Wasser kochen - am besten in einer Metallkanne oder in einem Tonkrug. Dann Kaffeebohnen rösten - eine Hand voll Bohnen pro Kanne genügt. Für milden Geschmack dürfen sie nur kurz über dem Feuer bleiben, wer es stark liebt, röstet entsprechend länger. Noch heiß, müssen die Kaffeebohnen in einem Mörser zerstoßen werden. Dann wird das zerkleinert, was dem Kaffee seinen unvergleichlichen Geschmack gibt: Kardamom. Schon wenige Samenhülsen dieses Gewürzes reichen für ein bis zwei Liter des Powerdrinks. Die gemahlene Kaffee-Kardamom-Mischung muss etwa fünf Minuten mit Wasser aufgekocht werden. Erst nach dieser Zeit setzt sich das Kaffeepulver ab. Kocht es zu lange, so wird das Getränk zu bitter. Ein gewisser strenger Geschmack ist jedoch typisch - und auch nicht durch Zucker zu überdecken, denn im Gegensatz zu Tee wird arabischer Kaffee stets schwarz getrunken. Besonders lecker schmeckt es, wenn einige Blüten Safran und ein Schuss Rosenwasser hinzugegeben werden.

045ie Abb.: kk

Gastfreundschaft

Tee beim Shopping

Bekommt man beim Einkaufsbummel von einem Ladeninhaber Tee (oder Kaffee) spendiert, so kann man diesen ruhig annehmen, ohne eine Kaufverpflichtung einzugehen - und ohne dafür zahlen zu müssen. Verlässt der Kunde mit leeren Taschen das Geschäft, so sollte dies der guten Kinderstube nach mit Gleichmut hingenommen werden. Sicherlich wird der eine oder andere Händler im Angesicht eines so enorm kaufkräftigen Kunden (und das sind automatisch alle, die sich eine Reise leisten können) seine ganze Überredungskunst an den Tag legen, aber nach muslimischem Verständniss bleibt ihm die Gewissheit, dass sich seine Investition, wenn nicht sofort dann bestimmt später, auszahlt. Sei es, dass der Kunde noch einmal wieder kommt oder sei es, dass ein anderer Käufer einen guten Preis zahlt oder sei es, dass Gott die gastliche Geste in anderer Weise belohnt.

Einladung in ein Privathaus

Einladungen in ein Privathaus sind immer ein interessantes Erlebnis. **Als Mann** kann man eine muslimische Familie nur besuchen, wenn der Familienvorstand oder ein anderer männlicher Erwachsener anwesend ist.

Wer **zum ersten Mal** das Haus seines (noch) fremden Gastgebers betritt, sollte sich sehr zurückhaltend verhalten.

In traditionell gesinnten Familien werden die **weiblichen Gäste** in den so genannten Harem geführt, während die Männer unter sich bleiben. Viele Gastgeber empfangen Europäer aber auch ohne Trennung der Geschlechter. Trifft ein geladenes Paar auf eine Männerrunde, so kann es vorkom-

men, dass die Frau ignoriert wird. Dahinter steckt keine Unhöflichkeit, sondern Respekt, dass es sich für Männer nicht ziemt, mit fremden Frauen zu sprechen – und umgekehrt.

Wer **als Mann** in einem Haus empfangen wird, in dem nur Kinder und Männer zu sehen sind, sollte sich der Höflichkeit halber nicht nach der Ehefrau oder anderen weiblichen Familienmitgliedern erkundigen.

Wird man spontan mit nach Hause genommen, so kann es durchaus vorkommen, dass der Hausherr beim Öffnen der Tür den **fremden Besuch** durch lautes Rufen **ankündigt.** So haben Frauen, die ungesehen bleiben sollen/wollen die Möglichkeit, sich zurückzuziehen oder aber so zu kleiden, wie es sich Unbekannten gegenüber gebührt.

Spätestens beim Betreten des Empfangsraumes werden die **Schuhe ausgezogen.** Viele Wohnstuben sind lediglich mit Teppichen und Kissen ausgestattet. In ihnen sitzt man auf dem Fußboden. Reichere Haushalte haben teilweise auch „moderne" Räumlichkeiten mit eleganten Möbelstücken und Sofas.

Einladung ernst gemeint?
Für alle größeren Einladungen gilt: Mindestens drei Mal höflich ablehnen, denn erst die vierte Offerte ist richtig ernst gemeint. Mitunter wird auch eine Einladung ausgesprochen, hinter der nicht unbedingt ein - beispielsweise - üppiges Gastmahl steht sondern „nur" eine pure Höflichkeitsfloskel. Hat man den Eindruck, es handelt sich um eine solche freundliche „Scheineinladung", sollte man abwarten (Geduld haben, keinen Zwang ausüben!), ob sie ein zweites oder gar drittes Mal ausgesprochen wird. In diesem Fall ist es ernst gemeint und es wäre unhöflich, ohne triftigen Grund abzusagen.

In jedem Fall wird zuerst **Tee oder Kaffee** serviert. Als erstes wird den alten und angesehenen Familienmitgliedern eingeschenkt, dann den Gästen. Kaffee- oder Teerunden dauern mindestens zwei, besser drei obligatorische Tässchen. Erst nachdem das Getränk genossen wurde, fängt man an, über eventuelle Geschäfte zu sprechen – vorher wäre es unhöflich.

Dann erst beginnt die **Mahlzeit.** Meist ist es eine auf einem großem Tablett servierte Reisplatte mit Lammfleisch, frischem Brot und verschiedenen kleinen Beilagen. Bei Hochzeiten, Geburten und religiösen Festen werden eine Reihe von lokalen Spezialitäten aufgetischt. Nach dem Essen wird wieder Tee oder Kaffee eingeschenkt.

Dann beginnt das **gemütliche Beisammensein,** bei dem der Gast oft im Zentrum der Aufmerksamkeit steht. Themen rund um die Familie sind von allergrößtem Interesse. Wer gut vorbereitet ist, begeistert die Gastgeber mit **Familienfotos** oder Bildern aus der fernen Heimat. Solche Fotos oder Postkarten, beiläufig an den Gastgeber verschenkt, bringen viele Sympathiepunkte ein (also am besten einen Vorrat von zu Hause mitnehmen).

Wer übrigens den Drang nach dem stillen Örtchen verspürt, der sollte nicht einfach aufstehen, sondern diesen Wunsch kundtun – und wenn möglich nicht in letzter Sekunde, sondern so, dass der Gastgeber noch Zeit hat, den Weg und die **Toilette** erst für den Besucher zu „entvölkern“ und herzurichten.

Vereinzelt auch Nepp

Mitunter wird die eine oder andere Einladung nicht aus Gastlichkeit ausgesprochen, sondern um an ein paar Scheinchen aus der Urlaubskasse zu gelangen. Am häufigsten ist dies in Gegenden der Fall, wo Touristen en masse auftreten. Wirtschaftliche Armut und das (vorurteilhafte) Wissen, dass Urlauber die Taschen voller Geld haben und, ohne zu handeln und ohne mit der Wimper zu zucken, immer viel zu viel bezahlen, kann dazu führen, dass manch einer zum Nepper, Schlepper oder „Tourifänger“ wird.

Gastfreundschaft ist tief im Glauben verankert. Einige Muslime würden für ihre Gäste buchstäblich ihr letztes Huhn schlachten. Um so peinlicher ist es, wenn Touristen diese Geste **ausnutzen.** Wessen Reisekasse womöglich locker den Jahresverdienst der Hausherren übersteigt, sollte sich bei einer spontanen Einladung vielleicht besser höflich herausreden oder zumindest ein angemessenes Gastgeschenk hinterlassen.

048ie Abb.: kk

◀ *Gemütliches Beisammensein*

Gastgeschenke

Geschenke sieht natürlich jeder Gastgeber gerne. Doch was schenken? Immer richtig sind **Präsente für Kinder:** Süßigkeiten, Spielsachen, Schulsachen oder auch Geld, letzteres überreicht mit den Worten „Für die Kinder". Auch gerne gesehen sind Gebäck oder anderes **Naschwerk** sowie Datteln von guter Qualität. Bei Frauen ist **Parfüm** der Renner.

Mitunter fällt es schwer, Dinge der Kategorie „grellbunter Alltagskitsch" oder „alles, was man eigentlich überhaupt nicht braucht," zu verschenken. Doch **Kitsch** vom Feinsten kommt gut an und findet bestimmt einen Ehrenplatz auf der Wohnzimmervitri-

Restauranteinladung

Wird man zum Essen in ein Restaurant geladen, so braucht man sich nicht unbedingt mit einem Geschenk zu bedanken. Die nächste Einladung sollte aber auf eigene Rechnung gehen. Falls dies abgewehrt wird: höflich auf dem Gastgeberrecht beharren.

Prinzip der Gegenseitigkeit

Ein wichtiges muslimisches Motto lässt sich mit „Wie du mir, so ich dir." umschreiben. Wenn möglich, sollten alle Einladungen in etwa gleicher Weise vergolten werden. Auch Mitbringsel sollten mit etwa gleichwertigen Gegenpräsenten erwidert werden. Aus diesem Grund sollte man es vermeiden, pompöse Empfänge zu veranstalten oder überaus wertvolle Geschenke zu überreichen, denn damit steht der Eingeladene bzw. der eventuell minderbemittelte Beschenkte in der Verlegenheit, Entsprechendes zurückgeben zu müssen. Als Zeichen mangelnden Interesseses gilt es, wenn eine großmütige Gabe mit einer minderwertigen vergolten wird.
Muslime, die in Deutschland leben, stören sich übrigens oft daran, dass sie von Deutschen, die bei ihnen Gast im Hause waren, keine Gegeneinladung erhalten.

▲ *Parfüm – ein gutes Geschenk*

ne. Einen großen Sympathie-Bonus erhalten Dinge aus der fernen Heimat des Schenkenden.

Viel her macht eine **aufwendige Verpackung.** Glamourös oder gar bombastisch dekoriert ist halb geschenkt. **Blumen** sind als Mitbringsel unbekannt und bedeutungslos.

Wer eine Einladung in eine offensichtlich **arme Familie** akzeptiert, sollte ein Präsent mitbringen, dass wirklich nützlich ist oder sich wieder zu Geld machen lässt. Oder, wie oben beschrieben, Geld für die Kinder darbieten.

Ob ein Gastgeschenk überreicht werden sollte ist natürlich situationsgebunden. Bei spontanen Einladungen ist es abkömmlich, aber nicht bei lange vorbereiteten und bedeutsamen Feiern. Wer Freunde nach ihren Geschenkwünschen fragt, sollte dies mit Eindringlichkeit tun, denn die Höflichkeit gebietet, erst drei Mal dankend abzulehnen.

049ie Abb.: kk

Tischsitten

Mit den Fingern essen

In nahezu allen islamischen Ländern wird traditionell mit den Fingern gegessen. Doch Ausländer bekommen oft ein **Besteck** gereicht. Isst man zusammen mit Muslimen, sollte darauf geachtet werden, möglichst nicht die **linke Hand** zum Mund zu führen. Zum einen gilt diese als unrein, da mit ihr die Reinigung nach dem Toilettengang vollzogen wird, zum anderen isst nach dem Volksglauben nur der Teufel mit der Linken.

! Am elegantesten **isst man mit den Fingern,** indem man aus der Speise (vor allem Reis, neben Brot die wichtigste Beilage) einen mundgerechten Klumpen formt, ihn auf die Fingerspitzen der rechten Hand legt und mit dem Daumen in den Mund schiebt. Dass dabei die Hand klebrig wird, ist normal, ein verschmierter Mund dagegen wirkt nicht sehr elegant.

Vor und nach jeder Mahlzeit **waschen** sich Muslime ihre Hände, weswegen in Restaurants Waschbecken meist nicht nur auf der Toilette, sondern auch gut zugänglich im Speiseraum zu finden sind.

Zu nahezu allen Gerichten wird ein großer Stapel **Brot** gereicht, denn Brotstückchen ersetzen Gabel und Löffel. Man formt aus einem abgerissenen Stückchen Brot eine mundgerechte „Schaufel“ oder nutzt es wie eine „Zange“ und klemmt die Speisen hinein. Brotstücke sollten nur einmal in das Essen getaucht werden und sind dann mitzuessen.

In den meisten orientalischen Ländern wird auffallend **schnell gegessen.** Erst nachdem alle satt sind, beginnt mit dem Tee eine gemütliche Unterhaltung.

Pfui: Alkohol und Schweinefleisch

Der Islam verbietet seinen Anhängern den Konsum des **„Teufelswerks" Alkohol** (Koran 2:219, 5:90 ff.). Nicht-Muslimen ist daher der öffentliche Genuss von hochprozentigen Getränken in vielen Ländern verboten. Wenn überhaupt Spirituosen verkauft werden, dann dürfen sie nur dort getrunken werden, wo sie verkauft werden, also in den dazu lizensierten Restaurants, Bars, Discos und Nacht-

050ie Abb.: kk

▶ *Festtagsschmaus in großer Runde*

Essen und Trinken im Ramadan

Während des heiligen muslimischen Fastenmonats Ramadan sollte man es unbedingt vermeiden, tagsüber in der Öffentlichkeit zu essen - auch keinen Kaugummi kauen oder Bonbon lutschen - zu trinken oder zu rauchen. Für Kinder und Kranke gilt dies nicht. In einigen Ländern in denen sonst kein allgemeines Alkoholverbot herrscht, bleiben im Ramadan die Gläser trocken.
Bei vielen Muslimen ist die Gastfreundschaft so groß, dass ausländischen Gästen auch tagsüber Tee und Kaffee bereitet wird. Wer kann da schon Nein sagen?

clubs sowie natürlich in Hotelzimmern und Privatwohnungen. Speist man zusammen mit strenggläubigen Muslimen, so wäre es unachtsam, Alkoholika anzubieten.

Ein weiteres Speisegesetz (Koran 2:173, 5:3) verbietet Muslimen den Verzehr von **Schweinefleisch.** Ein Schnitzel ist also bestimmt nicht das richtige Festmahl, wenn man einen Muslim einlädt.

Beide Verbote werden damit begründet, dass diese Nahrungsmittel eine rituelle Reinheit verwehren würden.

Nach islamischem Brauch sollte **Schlachtvieh geschächtet** werden (Koran 5:3, 6:121). Dem nach Mekka gerichteten Tier wird nach Rezitieren religiöser Formeln mit einem scharfen Messer die Halsschlagader durchgeschnitten, so dass es schnell stirbt und gut ausblutet.

051ie Abb.: kk

Handeln

Festpreise oder Verhandlungssache?

Einkaufen und das damit typisch orientalische Feilschen ist eine Sache für sich. Handeln ist stets eine freundliche, keine aggressive Angelegenheit. Es ist die **Kunst des gezielten Umweges,** eine interessante Kommunikationsform, fast schon ein Ritual. Ein guter Deal braucht seine Zeit.

In den Läden der traditionellen ↗„Sūqs" sind die allerwenigsten Waren ausgezeichnet. Wer sich für etwas interessiert, muss als ersten Schritt nach dem Preis – genauer gesagt, nach dem Wert, den der Händler als **Ausgangsbasis** für angemessen hält – fragen. Um es zu betonen: Die genannte Summe ist der Ansatzpunkt für das meist dazugehörende Verhandlungsgespräch, es ist (noch) nicht der Endpreis der Ware. Handeln ist nichts Unseriöses, nichts Unsittliches – im Gegenteil! Beim Handeln geht es eigentlich nicht darum, einen Preisnachlass zu erbitten, sondern einen **Preisaufschlag möglichst niedrig** zu halten – kaum ein Händler wird seine Ware ohne Gewinn veräußern.

Was bin ich bereit zu zahlen?

Vor jedem Souvenirkauf sollte man sich klar machen, welchen Preis man zu zahlen bereit ist. Wenn beim Handel diese Summe minimal unterboten ist, kann man zufrieden sein.

Sūq:
Arab. = „Markt". Traditionelle Marktviertel, in denen die Geschäfte nach Warengruppen geordnet sind.

Besonders beim Kauf von Souvenirs muss man handeln, es gehört einfach dazu. **Festpreise** gelten für Lebensmittel und in Supermärkten. Aber ansonsten kann man die gängige Möglichkeit, einen „Rabatt" zu erzielen, nahezu überall nutzen, in den Läden der Sūqs, selbst in Goldgeschäften und in exklusiven Boutiquen. Sogar in Souvenirläden, die ein großes Schild „fixed prices", „Festpreise", im Schaufenster aufgestellt haben, werden die Verkäufer auf Preisverhandlungen eingehen.

Feilschen ist Ehrensache!

Beim Handeln geht es nicht unbedingt darum, sich auf den billigsten Preis zu einigen, sondern auf eine **gerechte Summe.**

Durch **faires und fantasievolles Handeln** steigert der Käufer sein Image ungemein. Dabei sollte es stets freundlich, niemals aggressiv zugehen. Den Versuch zu feilschen werden die Händler mit einem verschmitzten, aber einladenden Lächeln beantworten. Wer allerdings keinen Preisnachlass anstrebt, dem wird nur selten einer eingeräumt. Dann freuen sich die Kaufmänner über ihre hohe Gewinnspanne und denken sich ihren Teil über das Unvermögen des Spielverderbers.

Hilfreich beim Handeln sind Fingerspitzengefühl, Charme, **Redegewandtheit** (selbst wenn man nicht die Sprache des Handelspartners spricht: Viel palavern und immer wieder Zahlen zeigen kann nicht schaden) und eine Portion Humor.

Als oberstes Gebot gilt, dass es von einem einmal gemachten Angebot **kein Zurück** gibt – auch nicht nach Tagen des Überlegens.

Unsitten nicht akzeptieren

Handeln sollte nichts mit „Halsabschneiderei" zu tun haben, obwohl man in vielen Touristengegenden diesen Eindruck bekommen kann. Wenn ein Händler eventuell unsympatisch erscheint oder glaubt, Ausländer zahlen jeden noch so horrenden Preis, dann sollte man ihn freundlich, aber energisch auf die Unsinnigkeit seiner Forderung hinweisen. Außerdem ist nebenan oft ein Laden mit ähnlichem Sortiment. Also warum nicht dorthin gehen?

Rhetorisches Feuerwerk

Käufer: „Friede sei mit dir, mein Bruder!"
Verkäufer: „Willkommen und Friede sei auch mit dir!"
Käufer: „Wir geht es dir an diesem rosigen Morgen?"
Verkäufer: „Mir geht es gut - und wie geht es dir?"
Käufer: „Danke, gut. Gottlob!"
Verkäufer: „Wo kommst du her? Wie hast du den Weg in mein bescheidenes Geschäft gefunden?"
Käufer: „Ich komme von der Westküste. Ich habe hier etwas Geschäftliches zu erledigen und in deinem Laden suche ich ein schönes Kleid für meine Nichte. Sie wird am Mittwoch sechs Jahre alt."
Verkäufer: „Hm, von der Westküste? Dort habe ich Freunde von der Familie der Al-Alawi."
Käufer: „Ach ja?! Auch ich kenne diese Familie!"
Verkäufer: „Mein Laden sei der deine. Befehle mir deinen Wunsch, mein Herr."
Käufer: „Du bist der Herr dieses Ladens. Mir gefällt dieses Kleid."
Verkäufer: „Eine gute Wahl, du hast Geschmack! Und die Qualität ist exzellent."
Käufer: „Hast du dieses Kleid in rot?"
Verkäufer: „Oh bei Gott bedaure, doch dieses Gelb ist sehr schön, auch dieses Blau und das Pink, sehr kleidsam."
Käufer: „Ja, wahrhaftig, dieses strahlende Pink wird meiner Nichte sicher gefallen."
Verkäufer: „Ja, hundertprozentig. Und du findest in der ganzen Stadt keinen besseren Stoff als diesen. Und sieh nur die feinen Rüschen und die vielen funkelnden Pailletten."
Käufer: „Ja, wirklich wundervoll. Ich möchte dieses Kleid kaufen. Wie viel möchtest du dafür?"
Verkäufer: „Zwischen uns, mein Bruder, herrscht Einigkeit. Mich interessiert nicht der Gewinn, sondern nur, was dich und deine Nichte erfreut."

Käufer: „Hussein hat mir diesen Laden zu Recht empfohlen."
Verkäufer: „Ah, Hussein! Er ist dein Freund?! Für den Freund eines Freundes macht das nur 250 Rial."
Käufer: „250 Rial! Bei Gott das ist viel Geld!"
Verkäufer: „Okay, nimm dieses Kleid für nur 240 Rial. Das ist ein gutes Angebot."
Käufer: „Bruder, hast du keine Furcht vor Gott dem Allmächtigen?"
Verkäufer: „Mein Herr, viele Reiche von der Westküste schätzen meinen Laden und kommen immer wieder."
Käufer: „200 Rial?"
Verkäufer: „230 Rial. Dieser Preis gilt nur für dich."
Käufer: „Aber eigentlich bevorzuge ich das Kleid in Rot. Ich nehme das Pinke für 210 Rial."

072ie Abb.: kf

Verkäufer: „Nur 230 Rial. Bruder, das ist dieses Kleid wirklich wert."

Käufer: „215 Rial. Das ist mein letztes Gebot. Aber ich erbitte von dir noch diesen Haarschmuck als Geschenk für meine Nichte."

Verkäufer: „Einverstanden. Für deine Nichte sind dies passende Präsente. Gott wird mich für den Verlust entschädigen."

Käufer: „Bitte mein Herr, nimm deine 215 Rial."

Verkäufer: „Tausend Dank. Gott möge dich und deine Familie beschützen. Einen Moment, ich verpacke alles in hübschem Papier."

Käufer: „Vielen Dank. Auf Wiedersehen und der Friede sei mit dir!"

Verkäufer: „Bis bald - so Gott will - und ich wünsche dir eine glückliche Heimreise."

Käufer: „Gott segne dein Haus. Bis bald - so Gott will."

Ein nuancenreiches Repertoire an Sprachfinten und Gesten ist wahrlich typisch arabisch. Produkte und Preise können variieren und auch die Bekanntschaftsverhältnisse sind fiktiv - sie sind oft wirklich frei erdichtet, denn um Verbindlichkeit darzustellen geben sich Händler und Kunde im stillen Einvernehmen als Familienmitglieder oder Freunde oder Freunde eines Freundes aus.

Aus dem Rahmen fällt die freundschaftliche Anrede „mein Bruder", denn unter Arabern ist es durchaus üblich, sich so anzusprechen, „Bruder" nicht als Verwandter, sondern als Gleichgesinnter, als Araber, Muslim oder Landsmann. Diese Finessen funktionieren freilich nur, wenn Kunde und Kaufmann Landsleute sind. Wer als Tourist diesen Pfad einschlägt, endet im Abseits.

In der Übersetzung wurde übrigens die „du"-Form gewählt, doch da die arabische Sprache keinen Unterschied zwischen „du" und „Sie" macht, hätte alles auch in der „Sie"-Form stehen können.

053ie Abb.: kk

Feste feiern

Religiöse Festtage

Das islamische **Neujahrsfest** wird als besinnlicher Tag gefeiert, an dem viele Muslime in die Moschee gehen und Verwandte besuchen.

Zehn Tage später ist der **Todestag des Märtyrers Hussein,** eines Sohns des Kalifen 'Alī, den nur die Schiiten als bedeutsamen Trauertag mit Prozessionen und Selbstgeißelungen (in manchen Ländern theatralisch, in anderen blutig) zelebrieren.

Ein ganzer heiliger Monat ist der **Ramadan,** in dem alle Gläubigen ein enthaltsames und besonders gottesfürchtiges Leben führen.

Die Höhepunkte des Religionsjahres bilden das **Fest zum Fastenbrechen** nach Ramadan und das große **Opferfest zur Pilgerfahrt** nach Mekka. Gottgefällige Zeremonien, Danksagungen, Familientreffen und Festmahle prägen beide Ereignisse. Nahezu jedermann hat Urlaub, die Kinder haben schulfrei, die Geschäfte sind geschlossen und überall wird gefeiert. An beiden Festen opfern alle, die es sich leisten können, ein Tier und spenden Almosen. Fremde werden an diesen beiden Ereignissen oftmals zu Festessen eingeladen.

Termine der Feste

Die religiösen Festtage richten sich nach der islamischen Zeitrechnung (siehe Kapitel „Wissenswertes von A bis Z", „Kalender") und fallen deshalb nach unserem gregorianischen Kalender jedes Jahr auf ein anderes Datum. Die aktuellen Termine erfährt man beispielsweise im Internet (siehe Anhang).

Das so genannte **„kleine Fest"** zum Ende des Ramadan dauert rund drei Tage. Der Grund des Feierns sollte eigentlich nicht sein, dass man das Fasten „hinter sich hat", sondern dass man in den vergangenen Wochen ein vorbildlich religiöses Leben geführt und spirituelle Stärkung erfahren hat. Allerdings kommt dem ungehemmten Schlemmen dennoch eine große Bedeutung zu.

◀ *Fein herausgeputzt im Festtagskleid*

Das **große Opferfest** wird am 10. Tag des Pilgermonats begangen und zieht sich über fünf bis sieben Tage hin. Es dient dem Gedenken an Abrahams Bereitschaft, Gott einen Sohn zu opfern.

Der **Geburtstag des Propheten** Muhammad liegt im fünften Monat des islamischen Kalenders und wird mit Lobpreisungen und Koranrezitationen zelebriert. Orthodoxe Muslime halten nicht viel davon, dieses Fest zu ehren, da Muhammad nur ein Mensch war und nicht als Anzubetender verstanden wird. Ähnlich verhält es sich mit dem Tag der **Himmelfahrt des Propheten,** an dem er der Überlieferung nach von einer geflügelten Schimmelstute in den siebten Himmel getragen wurde.

Zeremonien beiwohnen?
Bei den meisten religiösen Zeremonien möchten Muslime lieber unter sich bleiben. Einladungen an Fremde haben meist ein Festessen als Anlass.

Daneben gibt es in jedem Land oder auch in einzelnen Regionen **individuelle Festtage,** an denen der Geburt oder des Todes lokaler Heiliger gedacht wird.

056ie Abb.: kk

▶ *Lammbraten zum Festschmaus*

Familienfeste

Wichtige Familienfeste sind Geburten, Beschneidungen, Hochzeiten und Bestattungen. Ausländer werden zumeist nur dazu eingeladen, wenn eine besondere Freundschaft besteht.

Geburt

Die Geburt eines Kindes wird als **Geschenk Gottes** angesehen und muss natürlich ausgiebig gefeiert werden. Besonders stolz sind Eltern, wenn ihr Erstgeborenes ein Junge ist und somit die Stammhalterschaft gesichert wird.

Unmittelbar **nach der Abnabelung** werden dem Neugeborenen der Gebetsruf und fromme Koranverse ins Ohr geflüstert.

Der siebente Tag nach dem freudigen Ereignis gilt als besonders geeignet für die **Namensgebung.**

Die **Taufe** als Aufnahme in die Glaubensgemeinschaft gibt es im Islam nicht. Kinder sind automatisch Muslime, wenn ihr Vater es ist. Jungen werden mit der Beschneidung in die Gesellschaft integriert, Mädchen mit der Heirat.

Beschneidung

Die Beschneidung von **Jungen,** bei der ein Teil der Penisvorhaut entfernt wird, symbolisiert eine kultische Reinigung. Für den Eingriff sprechen auch medizinische Gründe, wie die Vermeidung von Phimose, einer Verengung der Vorhaut. Kindern wird die Beschneidung als Entfernung von etwas Unreinem erklärt. Die Knaben werden oft am siebenten Tag nach der Geburt oder, wesentlich häufiger, sieben Jahre danach beschnitten.

Die **Zeremonie** findet bevorzugt am Geburtstag des Propheten Muhammad statt. Traditionell werden die Jungen, in prachtvolle Gewänder gehüllt, auf einem Pferd oder Kamel durch die Straßen geführt. Ein großes Familienfest gehört unbedingt dazu. Geschenke helfen tröstend über den Schmerz hinweg.

In über 40 Ländern gibt es auch den Brauch der **Mädchenbeschneidung** (Entfernung der Schamlippen und/oder der Klitoris), doch anders als die Jungenbeschneidung ist sie vom Islam in keiner Weise vorgeschrieben. Diese (Un-)Sitte gründet sich im Brauchtum und lässt sich mit keinem medizinischen Nutzen rechtfertigen. Als Ursachen formuliert die bekannte ägyptische Frauenrechtlerin und Schriftstellerin Nawāl as-Saʿdāwī, damit versuche die Männergesellschaft die Frauen ihrer sexuellen Lust zu berauben und sie vollends zu Gebärmaschinen zu degradieren.

Hochzeit

Die Eheschließung ist eines der bedeutendsten Feste im Leben eines jeden Muslim.

Traditionelle **Hochzeitsbräuche** sind vielfältig, aber immer findet ein großes **mehrtägiges Fest** im Kreise der Familie statt. Für das soziale Ansehen der Angehörigen ist die Ausgestaltung des Hochzeitsfestes so wichtig, dass viele sich über Jahre hinweg verschulden. Bei Bauern oder Beduinen geht es eher schlicht zu, wohingegen bei entsprechender Finanzlage aufwendig und sieben Tage lang gefeiert wird.

Hochzeitsgeschenk

Wer zu einem Hochzeitsfest geladen ist schenkt am besten Geld oder Haushaltswaren. Ist es in Deutschland üblich, den Hochzeitsgästen bei der Einladung gleich mitzuteilen, was sie denn schenken könnten, so wäre dies für Muslime unannehmbar und unverständlich.

Wichtige Ereignisse der Hochzeit sind das Vorbereiten und Schmücken der zukünftigen Eheleute, der festliche Brautzug zum Haus des Mannes und das große Festmahl, zu dem neben möglichst allen Familienangehörigen auch Bedürftige geladen werden.

Immer mehr Muslime heiraten **nach europäischer Mode:** mit weißem Brautkleid, Hochzeitsfoto vor romantischer Kulisse, Festbankett, Musik und (gemeinsamem) Tanz.

Bestattung

Der Islam schreibt vor, dass Verstorbene **ohne Verzögerung** bestattet werden. Daher geschieht dies meist am Todestag, spätestens am Tag danach.

Als einzige Bestattungsform existiert die **Beerdigung,** der eine rituelle Totenwaschung und lange Koranrezitationen vorangegangen sind.

Muslimische **Bestattungszeremonien** sind eher schlicht. Meist wird der Leichnam, auf der rechten Seite liegend, mit angewinkelten Beinen, mit dem Gesicht nach Mekka gerichtet, ohne Sarg nackt in Stoff gehüllt, ins Grab gelegt.

Die **Trauerzeit** dauert in der Regel vierzig Tage und wird in vielen Regionen mit einem Totenmahl im Kreise von Familie und Freunden abgeschlossen. **Grabbesuche** sind an den hohen Feiertagen, zum Fest des Fastenbrechens und zum Opferfest üblich. Wer einem Toten einen Dienst erweisen möchte liest Suren aus dem Koran vor, bzw. entlohnt einen friedhofseigenen Rezitator.

Muslimische **Friedhöfe** weisen große Unterschiede auf. Je nach Region und Zeit, in der sie eingerichtet wurden, finden sich aufwendige Grabbauten oder einfache Gräberfelder. In typisch kuppelförmigen Grabmalen ruhen meist besonders fromme oder heilige Menschen.

Will man als Nicht-Muslim einen **Friedhof besuchen,** sollte man sich zuvor bei einem Wachmann erkundigen, ob dies möglich ist.

Himmel oder Hölle

Mit dem Christentum und dem Judentum teilt der Islam die Vorstellungen vom Jüngsten Gericht, vom Höllenfeuer, vom himmlischen Paradies und Auferstehung. Muslime erwartet nach ihrem Ableben die Positiv-Negativbilanz ihres Erdendaseins. Sie glauben, das Paradies sei ein großer, üppiger Garten, der im siebenten Himmel liegt. Wohl dem, der schlechte Taten durch gute Werke ausgeglichen hat und dort Einlass findet.

055ie Abb.: kk

Wissenswertes von A bis Z

Bakschisch

Dieses persisch-stämmige Wort ist auch im Westen ein stehender Begriff. Doch um das Wichtigste vorweg zu nehmen: Anders als man meist glaubt, sollte Bakschisch im eigentlichen Sinn **nichts mit Bestechung** oder Schmiergeld zu tun haben.

In islamischen Gesellschaften ist das Prinzip des Bakschischgebens und -nehmens eine anerkannte und im Koran festgeschriebene Aktion. Gemeint ist der Grundsatz der **Almosengabe** von Reicheren an Bedürftige als Pflicht jedes Gläubigen.

Bakschisch kann auch als **Dankesgabe für kleine Dienste** verstanden werden. Schuhputzer, Zimmermädchen, Kofferträger, Touristenführer, Fahrstuhlwärter, Türsteher, Wasserpfeifen-Kohlenanheizer sind typische und berechtigte Bakschisch-Empfänger. Insbesondere in armen Ländern ist diese zusätzliche Einnahme ein wichtiger Beitrag zum Familieneinkommen. Jeder tut, was er kann, und auch auf den ersten Blick vielleicht überflüssige Jobs haben so ihre Berechtigung. Um es nochmal ganz klar zu stellen: Ohne Gegenleistung hat dieses Bakschisch keine Berechtigung.

Heikel wird die Angelegenheit, wenn es darum geht, durch Geld eine Art **Wohlverhalten zu erreichen,** was man noch nicht ganz als Bestechung zu bezeichnen braucht. Missstände, wie nicht funktionierende Ventilatoren oder fehlende Handtücher, lassen sich beim Hotelpersonal sicherlich durch den geschickten Einsatz von Bakschisch schneller und stressfreier beseitigen, als durch wiederholte Reklamationen.

Vom **Schmieren offizieller Personen,** wie Angehörige von Polizei, Militär oder Zoll, ist abzuraten, denn ohne Kenntnis der bestehenden Strukturen kann die vermeintlich hilfreiche Vergabe von Geldscheinen schnell das Gegenteil bewirken und Ärger bringen.

Beleidigungen

Die eindeutigste Form der Beleidigung ist sicherlich das direkte Beschimpfen. Um den entsprechenden landestypischen Grundwortschatz an **Schimpfwörtern** kennen zu lernen (natürlich nur des Verstehens wegen ...), genügt bei entsprechendem Temperament eine halbstündige Taxifahrt durch Großstadtverkehr zur Rushhour.

Hunde

Hunde gelten dem Koran nach als unreine Tiere. Ausnahmen bilden Tiere, die im Dienste des Menschen stehen, wie etwa Wachhunde oder Jagdhunde (Koran 5:4). Darum können es Muslime auch nicht recht verstehen, warum viele Europäer Gefallen daran finden, Schoßhunde zu halten, die womöglich noch im Haus wohnen.

Viele arabische Beschimpfungen beinhalten den Faktor **„Unreinheit“,** so die entsprechenden Übersetzungen für „Schwein“, „Esel“, „Hund“, „Hurensohn“ oder auch „Du bist ein Schuh!“.

Aber auch wenn man den anderen nicht direkt beschimpft, kann man kränkend wirken, weil man unbewusst **gegen die guten Sitten verstößt.** Inwieweit solche Fälle wirklich als boshafte Beleidigung oder nur als verzeihenswerte Missgeschicke verstanden werden, hängt stark vom Einzelfall und dem Gemüt des Gegenübers ab. Aber sicherlich sollten diese Fettnäpfchen umsteuert werden, allein schon aus Höflichkeit.

So kann das direkte **Entgegenstrecken der Fußsohle** von kleinlichen Naturen als Kränkung empfunden werden.

Da die **linke Hand** als unrein gilt, sollte man sie niemals zum Gruß entgegenstrecken oder jemandem etwas mit links überreichen, insbesondere keine Lebensmittel, Geschenke, Geld oder Zigaretten.

Schonungsloses **Fotografieren** von Menschen, vor allem von Frauen, kommt einer schweren Beleidigung gleich.

Bei privaten Einladungen sollte man beim Betreten des Hauses, spätestens vor Eintritt in einen Wohnraum, die **Schuhe ausziehen.**

Bei Essenseinladungen sind Gastgeber auch schnell in ihrer Ehre gekränkt, wenn der Gast **Speisen ablehnt.**

Etliche Muslime sehen es auch nicht gerne, wenn ein Fremder empfangene Hilfe oder **Gastfreundschaft mit Geld bezahlen** möchte. Für sie ist das Ehrensache. In solch edlem Fall ist es besser, ein kleines Geschenk parat zu haben oder bei einer eventuell nächsten Begegnung ein originelles Präsent zu überreichen.

Natürlich ist es auch beleidigend, religiöse oder gesellschaftliche **Ge- und Verbote zu kritisieren** oder darüber Witze zu reißen.

Betteln

Je nachdem, welches islamische Land besucht wird, wird eine mal mehr oder weniger große Schar an Bettlern auf ihren Obolus warten oder diesen einfordern. Dabei muss unterschieden werden zwischen **gesellschaftlich anerkannten Bettlern** und solchen, die sich gezielt nur an Touristen wenden.

Es spricht nichts dagegen, Bedürftige der erstgenannten Art mit einer angemessenen Gabe zu beschenken. Sie betteln meist vor Moscheen, wenn Gläubige, wie im Koran aufgerufen, ihre Almosen verteilen möchten. Angemessen und keinesfalls „zu wenig" ist die Spende im Wert einer großen Tagesration Brot.

Übermäßige Gaben sind sicherlich gut gemeint und im Einzelfall in Ordnung. Wenn aber zu viele Urlauber sich so verhalten, besteht die Gefahr, dass

Wirksam spenden

Wer größere Beträge verschenken möchte, kann sich auch an den Vorsteher (Imam) einer großen Moschee wenden, denn dort gesammeltes Geld fließt direkt und hundertprozentig gemeinnützigen Zwecken zu. In kleineren Orten kann man auch den Dorfvorsteher aufsuchen. Über diesen Umweg bekommen wirklich bedürftige Kinder Hilfe.

viele, die ihren Lebensunterhalt eigentlich erarbeiten könnten, dies lassen. So etablieren sich immer mehr **„Touristenbettler“**, weil dies ein einträgliches Geschäft ist.

Auch **Kinder** springen gerne auf diesen Zug auf oder werden von ihren Eltern dazu angehalten. Häufig hört man sie neben „Bakschisch“ auch nach „Kulis“ und „Bonbons“ rufen – und dies in endlos vielen Fällen eher aus Spaß an der Souvenierjagd als aus Not. Durch leichtfertige Spenden, oft nur gegeben, um die Plagegeister loszuwerden oder die „Süßen“ zu trösten, können gesellschaftliche Strukturen nachhaltig gestört werden. Denn

056ie Abb.: kk

▶ *Kleine Obstverkäufer – keine Bettelei, sondern Handel*

wenn Kinder durch bloßes Handaufhalten in wenigen Stunden ein Vielfaches von dem verdienen, was Erwachsene an einem harten Arbeitstag erwerben, sind soziale Konflikte vorprogrammiert. Die Arbeitsmotivation des Vaters lässt nach und anstatt seine Sprösslinge in die Schule zu schicken, sollen sie an touristisch viel besuchten Plätzen Fremde anschnorren.

! Ein harter, aber dennoch wichtiger Rat lautet: **Bettelkindern bitte nichts geben!** Und: Kein Geld ohne Grund austeilen, ohne dass eine (eventuell sogar unwichtige) Dienstleistung erbracht oder eine (wenn auch unnütze) Kleinigkeit verkauft wurde.

Hennamalerei

Malereien mit dem **Naturstoff Henna** (arab. „Al-Hinnā'") sind bei uns in den letzten Jahren groß in Mode gekommen. Im arabischen und indischen Kulturkreis ist Henna Alltag und hat eine lange Tradition. Araber glauben, die Pflanze sei eine Gabe Gottes und übertrage Segen. Sowohl Männer als auch Frauen nutzen den Naturfarbstoff: Die Herren der Schöpfung färben ihre ergrauten Kopfhaare oder verleihen ihren Bärten eine rötlich-braune Farbe. Viele Frauen verleihen mit Henna ihren **Haaren** eine besondere Farbnote, Glanz und Gesundheit. Mitunter werden auch Haustieren einzelne Haarsträhnen eingefärbt. Mit Gottes Segen bleibt der einzige Esel des Hofes von Krankheiten verschont.

Das Kraut färbt vier bis sechs Wochen lang und zeigt auch **naturheilkundliche Wirkung.** Es pflegt und heilt raue, beanspruchte Haut wirksam und langanhaltend. Daher reiben hart arbeitende Menschen sich gerne die gesamten Handinnenflächen oder Fußsohlen mit Hennapaste ein.

Das erste Henna

In vielen Ländern können sich Touristinnen eine Hennamalerei als ausgefallenes Souvenir mit nach Hause nehmen. Deko-Dienste werden oft an Straßenständen, auf öffentlichen Plätzen oder in speziellen Schönheitssalons - in die nur Damen Zutritt finden - angeboten. Am schönsten ist es sicherlich, Henna bei einer Privateinladung im Frauenkreis aufgetragen zu bekommen.

Gut Henna brauch Weile! Nein, nicht das Auftragen der Pflanzenpaste dauert lange, sondern das Trocknen ist ein langwieriges „Handicap".

Dann heißt es nicht erschrecken: Viele Farbmischungen sehen am Anfang auf der Haut orange aus, wechseln aber nach etlichen Stunden (Haut nicht reiben oder waschen) in einen Braunton über. Auch schwarze Hennafarbe gibt es. „Oh Graus!" gilt an den letzten Tagen, bevor die Farbe infolge natürlicher Hautregeneration völlig verblasst. Dann sieht die Zierde eher wie ein Ausschlag aus.

058ie Abb.: kk

Der Brauch, Henna als **Schönheitsmittel** zu nutzen, soll von Muhammads Tochter Fātima eingeführt worden sein. Sie war arm und besaß keinen Schmuck. So bemalte sie ihre Haut mit eleganten Ornamenten und feingliedrigen Arabesken. Solche perfekt angefertigten Malereien werden von arabischen Frauen und Männern bis heute als Schönheitsmerkmal angesehen.

Meist sind die Handteller und Fingerkuppen bemalt, zu besonders feierlichen Anlässen auch Füße, Beine, Arme und Dekolleté. In vielen Kulturen werden Bräute vor dem Hochzeitsfest mit meisterhaften Hennamustern herausgeputzt.

Henna-Grundstoff

sind die getrockneten und zu feinem Pulver zermahlenen Blätter und Stängel des vier bis sechs Meter hohen Hennastrauches (lat. Lawsonia imermis), der zwischen Nordafrika und Indien verbreitet ist.

Rührt man getrocknetes, fein gemahlenes Hennapulver mit Wasser, Eukalyptusöl, Limonensaft, Tamarinden- oder Teeblättern zu einer weichen Paste an, so lassen sich damit Motive auf die Haut auftragen oder Haare tönen.

Kalender

Anders als unser am Sonnenzyklus orientierter, gregorianischer Kalender orientiert sich die islamische Zeitrechnung am Stand des Mondes. Ein **Mondjahr** hat rund 354,5 Tage und ist somit im Durchschnitt elf Tage kürzer als unser „Sonnenjahr". Die islamischen Mondmonate, von denen es 12 gibt, haben je 29 oder 30 Tage. Ihre Anfangsdaten rücken jedes Jahr um zehn oder elf Tage nach vorne.

Der **Beginn der islamischen Zeitrechnung** heißt auf Arabisch „Al-Hidjra" und datiert auf das christliche Jahr 622, in dem der Prophet Muhammad mit der muslimischen Gemeinde von Mekka nach Medina auswanderte.

In vielen Ländern existieren islamischer Mondkalender und christlicher Sonnenkalender nebeneinander. Der erste dient religiösen Angelegenheiten; der zweite steht dem Businessleben zur Verfügung.

Rechenformel:

Um aus einer Hidjira-Jahreszahl (H) grob unser christliches Jahr (C) auszurechnen, hilft folgende Faustformel:

$$C = H - \left(\frac{3H}{100}\right) + 622$$

Privatsphäre

So offen einerseits die allermeisten Muslime die Gastfreundschaft pflegen, so wichtig ist ihnen andererseits die Wahrung der häuslichen Privatsphäre. Was bei einer Einladung in ein Privathaus bzw. eine Wohnung sicherlich ausbleibt, und daher auch nicht vom Gast erbeten oder neugierig erfragt werden sollte, ist eine **Hausbesichtigung** durch alle Räume. Alles, was der Hausherr präsentieren möchte (darunter oft auch ein Fernseher, der zu Ehren des Besuchers extra eingeschaltet wird), findet sich in einem Empfangsraum für Gäste.

Auch beim **Bummel durch traditionelle Altstadtwohnviertel** sollten Touristen Zurückhaltung und Respekt wahren, denn allzu neugierige Blicke in private Bereiche wie etwa Wohnhäuser oder Innenhöfe sind meist gar nicht gerne gesehen. Manche kleinen Gassen, vor allem Sackgassen, dienen als eine Art erweiterter Wohnbereich, in dem Fremde eigentlich nichts zu suchen haben.

▼ Beim traditionellen Bemalen mit Henna – die Frauenräume sind für Besucher tabu

057ie Abb.: kk

Tagesrhythmus

Die meisten **Geschäfte** und Boutiquen entlang der Straßen und Läden der Sūqs oder Einkaufszentren, Apotheken, Reisebüros und Fluggesellschaften haben mit einer langen Mittagspause (ca. 13–16 Uhr) vor- und nachmittags geöffnet. Am ersten Wochenendtag allerdings nur während der ersten Tageshälfte.

Supermärkte und **Lebensmittelläden** öffnen ihre Pforten oft auch durchgehend, mitunter bis zum späten Abend.

Private Firmen arbeiten vor- und nachmittags, meist auch mit langer Mittagspause.

Behörden und staatliche Stellen (auch Botschaften und Konsulate) sind meist nur morgens offen, außer natürlich am Wochenende.

Im muslimischen Fastenmonat **Ramadan** gelten eingeschränkte Öffnungszeiten.

Zur Zeit des wichtigen Gebetes am **Freitagmittag** haben viele Geschäfte, Geldwechsler, Restau-

059ie Abb.: kf

◀ *Am späten Nachmittag füllen sich die Cafés und Teestuben*

rants, Imbisse oder sonstige Einrichtungen etwa zwischen 11.30 und 13.30 Uhr geschlossen.

Da am **Vormittag** so ziemlich alles geöffnet ist, geht es dann am betriebsamsten zu. Weil es in den meisten islamischen Gefilden Mittags sehr heiß werden kann, halten viele nach dem Mittagsgebet eine **orientalische Siesta.**

Wochenende auf Arabisch

In den meisten muslimischen Ländern fällt der arbeitsfreie Tag auf den Freitag (Koran 62 : 9). Entsprechend bilden der Donnerstag(nachmittag) und der Freitag das Wochenende. Manche Länder haben aber nach europäischer Manier Samstag und Sonntag zum Wochenende erklärt.

Wenn am **späten Nachmittag** die Temperaturen abkühlen, nimmt die Geschäftigkeit wieder ihren Gang. Viele nutzen diese Stunden auch für Freizeitvergnügen, Familien gehen Schaufensterbummeln, Freunde treffen sich im Café, Kinder spielen Ball.

Abends ab ca. 21–22 Uhr leeren sich die Straßen der Städte, in kleinen Orten werden naturgemäß früher „die Bürgersteige hochgeklappt“. In den meisten Ländern fällt das Angebot zum Nightlife eher dürftig aus. Es gibt aber auch Orte, wo in zahllosen Kneipen, Diskos und Nachtclubs „der Bär steppt“.

Toilette

In den meisten orientalischen Ländern sind ebenerdige **Hocktoiletten** weit verbreitet. Sieht man von der für Mitteleuropäer ungewohnten Haltung ab, sind sie hygienisch durchaus vorteilhaft, da man im Hocken nicht in direkten Kontakt mit dem „Thron“ kommt.

Stille Örtchen, die nicht oft von Ausländern aufgesucht werden, haben meist **kein Toilettenpapier,** da die Einheimischen zur Reinigung ihre linke Hand und viel Wasser nehmen. Es kann also nicht schaden, immer einen Vorrat Papiertücher dabei zu haben. Wenn keine Wasserspülung vorhanden ist,

0601e Abb.: kk

steht meist ein Plastikbehältnis zum Spülen bereit. Dieses wird aus dem Wasserhahn oder aus einer großen Tonne mit Wasser gefüllt.

Ob öffentliche Klosetts blitzblank sind oder dringend eines Dampfstrahlers bedürfen hängt sehr vom Land und den allgemeinen Hygienezuständen ab. Meist sauber sind die sanitären Einrichtungen der großen Hotels und Restaurants.

061ie Abb.: kk

Anhang

Literaturhinweise

- „**Islam verstehen**", SympathieMagazin vom Studienkreis für Tourismus und Entwicklung e. V., 82541 Münsig. (Sehr empfehlenswerte und preiswerte Einführung für jedermann.)
- Reza Aslan: **„Kein Gott außer Gott. Der Glaube der Muslime von Muhammad bis zur Gegenwart"**, Verlag C. H. Beck 2006. (Geschichte des muslimischen Glaubens vom Propheten Muhammad bis zur Gegenwart, literarisch ein Genuss.)
- Wolfdieter Bihl: **„Islam. Historisches Phänomen und politische Herausforderung für das 21. Jahrhundert"**, UTB Verlag 2005. (Historische Entwicklung des Islam und die Situation heute.)
- Hartmut Bobzin: **„Mohammed"** und **„Der Koran. Eine Einführung"**, Verlag C. H. Beck 1999 bzw. 2000. (Faktenreiche Überblicke, gut als Einstieg.)
- Rita Breuer: **„Familienleben im Islam. Traditionen - Konflikte - Vorurteile"**, Herder Verlag 2002. (Islamisches Familienleben, kulturell, rechtlich und sozial beleuchtet.) Und **„Zwischen Ramadan und Reeperbahn. Die schwierige Gratwanderung der muslimischen Minderheit"**, Herder 2006. (Hintergründe zum Leben von Muslimen in Deutschland.)
- Werner Ende, Udo Steinbach (Hrsg): **„Der Islam in der Gegenwart"**, Verlag C. H. Beck 2005. (Allumfassende, wissenschaftliche Abhandlung.)
- Gerhard Endreß: **„Der Islam in Daten"**, Verlag C. H. Beck 2006. (Chronologischer Überblick.)
- Martin Forward: **„Mohammed, der Prophet des Islam. Sein Leben und seine Wirkung"**, Herder Verlag 2002. (Die Lebensgeschichte des Propheten mit Bezug auf heute relevante Sachthemen.)
- Laziz Hamani, Malek Chebel: **„Symbole des Islam"**, Brandstätter Verlag 1997. (Bildband mit Text von Malek Chebel.)
- Sigrid Hunke: **„Allahs Sonne über dem Abendland. Unser arabisches Erbe"**, Fischer Verlag 2001. (Die Leistungen der arabischen Kultur und Geisteswelt.)
- Ibn Ishaq: **„Das Leben des Propheten"**, Spohr Verlag 2004. (Die älteste Biographie Mohammeds, der Autor sammelte bereits hundert Jahre nach dem Tod Mohammeds alle verfügbaren Informationen über das Leben des Propheten.)

- Klaus Kreitmeir: **„Allahs deutsche Kinder. Muslime zwischen Fundamentalismus und Integration“,** Pattloch Verlag, München 2002. (Als Hintergrund dienen die Geschehnisse nach dem 11. September 2001 in Europa und den USA.)
- Martin Lings: **„Muhammad“** und **„Muhammad. Sein Leben nach den frühesten Quellen“,** zwei verschiedene Bände im Spohr Verlag 2004. (Biographien des Propheten.)
- Rudi Paret: **„Der Koran. Übersetzung“** und **„Der Koran. Kommentar und Konkordanz“** und **„Mohammed und der Koran. Geschichte und Verkündigung des arabischen Propheten“,** alle Bände erschienen im Kohlhammer Verlag 2004 bzw. 2005. (Rudi Parets Koranübersetzung gilt in der Islamwissenschaft als federführend.)
- Malise Ruthven: **„Der Islam. Eine kurze Einführung“,** Reclam Verlag 2000. (Kurze und preiswerte Einführung.)
- Annemarie Schimmel: **„Im Namen Allahs, des Allbarmherzigen: Der Islam“,** Patmos Verlag 1998 und **„Der Islam. Eine Einführung“,** Reclam Verlag 1990. (Fundiert und leicht verständlich.)
- Jutta Szostak, Suleman Taufiq: **„Der wahre Schleier ist das Schweigen. Arabische Autorinnen melden sich zu Wort“,** Fischer Verlag 2001. (Tabuthemen wie Politik und Sexualität, die Lebensbedingungen in den Dörfern und die Unterdrückung von Frauen werden sensibel erörtert.)

Audio-CDs

- Heinz Halm: **„Der Islam. Geschichte und Gegenwart, 4 CDs“,** Ame Hören 2006. (Historische Entwicklung und zentrale Begriffe des Islam.)
- Tahar Ben Jelloun, Dietmar Mues, Johanna Bergmann, Thomas Kleinke: **„Papa, was ist der Islam?“,** Der Audio Verlag 2004. (Der französisch-marrokanische Schriftsteller Tahar Ben Jelloun erklärt den Islam in einem lebendigen Hörspiel für jung und alt.)

Websites zum Thema Islam

Deutschsprachige Websites

- **www.islam.de** (Zentralrat der Muslime in Deutschland)
- **www.answering-islam.de** (Christen antworten Muslimen)
- **www.islam-guide.com/de** (Wegweiser, um den Islam verstehen zu lernen)
- **www.umma-projekte.de** (Plattform verschiedener islamischer Projekte)
- **www.gmsg.de** (Informationsnetzwerk der Gesellschaft muslimischer Sozial- und Geisteswissenschaftler)
- **www.i-g-d.de** (Islamische Gemeinschaft in Deutschland)
- **www.kirche-islam.de** (Christlich-muslimischer Dialog der Evangelischen Kirche in Deutschland)
- **www.qantara.de** (Internetportal der Bundeszentrale für politische Bildung, der Deutschen Welle, des Goethe-Instituts, von Inter-Nationes e.V. und dem Institut für Auslandsbeziehungen)
- **www.religion-online.info** (Religionen in Deutschland)
- **www.islamische-zeitung.de** (Onlineversion der Islamischen Zeitung)
- **www.al-islam.com/ger** (Saudi-Arabien, Ministerium für Islamische Angelegenheiten, Stiftungen, Beratung)

Koranübersetzungen in Deutsch

- **www.kuran.gen.tr**
- **www.islamdownloads.de**

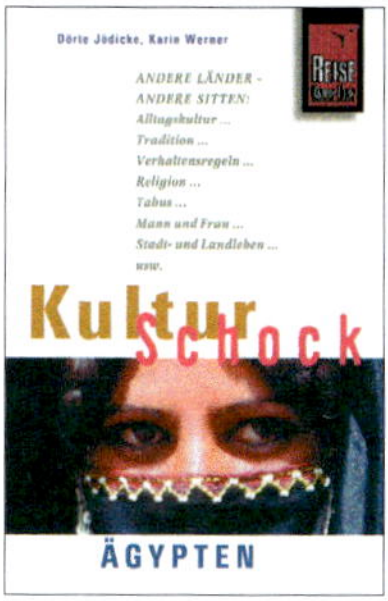
KulturSchock
ÄGYPTEN

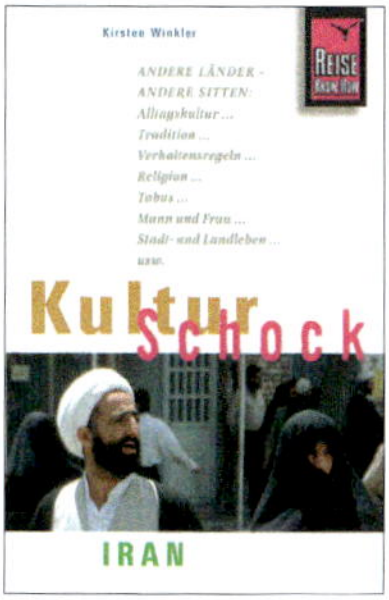
KulturSchock
IRAN

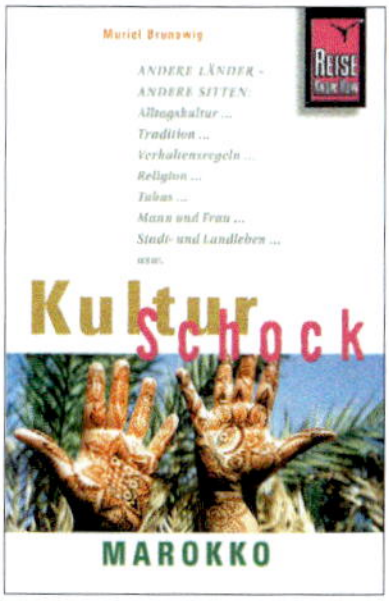
KulturSchock
MAROKKO

Praxis-Ratgeber
kompakt & kompetent

Outdoor-Praxis
- *Dschungelwandern*
- *GPS Outdoor-Navigation*
- *Orientierung m. Kompass u. GPS*
- *Richtig Kartenlesen*
- *Sicherheit in Bärengebieten*
- *Trekking Handbuch*
- *Die schönsten Trekking-Routen – Nord- und Südamerika*
- *Die schönsten Trekking-Routen – Asien, Afrika, Neuseeland*
- *Vulkane besteigen und erkunden*
- *Wildnis-Ausrüstung*
- *Wildnis-Backpacking*
- *Wildnis-Küche*
- *Winterwandern*

Reise-Praxis
- *All inclusive?*
- *Als Frau allein unterwegs*
- *Australien: Reisen und Jobben*
- *Ayurveda erleben in Indien und Sri Lanka*
- *Clever buchen – besser fliegen*
- *Clever kuren im nahen Ausland*
- *Drogen in Reiseländern*
- *Europas schönste Feste erleben*
- *Fernreisen auf eigene Faust*
- *Fliegen ohne Angst*
- *Gesundheitsurlaub in Deutschlands Thermalbädern*
- *Handbuch für Tropenreisen*
- *Kreuzfahrt Handbuch*
- *Reiseziel Zahnersatz*
- *Respektvoll reisen*
- *Schutz vor Gewalt und Kriminalität unterwegs*
- *Schwanger reisen*
- *Selbstdiagnose und -behandlung unterwegs*
- *Sonne, Wind und Reisewetter*
- *Shopping Guide USA*
- *Sprachen lernen im Ausland*
- *Tangotanzen in Buenos Aires*
- *Unterkunft und Mietwagen clever buchen*
- *Verreisen mit Hund*
- *Volunteering*
- *Wann wohin reisen?*

Fremde Kulturen
- *Buddhismus in China erleben*
- *Daoismus erleben*
- *Hinduismus erleben*
- *Islam erleben*
- *Konfuzianismus erleben*
- *Maya-Kultur erleben*
- *Spaniens attraktivste Fiestas*

Natur und Reise
- *Australiens Outback und Bush entdecken*
- *Essbare Früchte Asiens*
- *Geologische Erscheinungen entdecken und verstehen*
- *Safari-Handbuch Afrika*
- *Survival-Handbuch Naturkatastrophen*
- *Was kriecht und krabbelt in den Tropen?*

Sport und Fun
- *Canyoning Handbuch*
- *Fun & Sport in Eis & Schnee*
- *Handbuch Paragliding*
- *Höhlen erkunden*
- *Inline Skating*
- *Kanu-Handbuch*
- *Küstensegeln*
- *Mushing – Hundeschlittenfahren*
- *Pferdetrekking*
- *Radreisen – Basishandbuch*
- *Sicherheit im und auf dem Meer*
- *Tauchen in kalten Gewässern*
- *Tauchen in warmen Gewässern*
- *Wracktauchen weltweit*

Reiseführer auf einen Blick

Reisehandbücher
Urlaubshandbücher
Reisesachbücher
Rad & Bike

Afrika,
  Bike-Abenteuer
Afrika, Durch, 2 Bde.
Agadir, Marrakesch,
  Südmarokko
Ägypten
Ägypten/Niltal
Alaska ⇗ Kanada
Algerische Sahara
Äqua-Tour
Argentinien, Uruguay,
  Paraguay
Äthiopien
Auf nach Asien!
Australien, Osten
  und Zentrum
Australien – Handbuch
  für Auswanderer

Bahrain
Baikal, See u. Region
Bali und Lombok
Bali, die Trauminsel
Bangkok
Botswana
Brasilien
Brasilien kompakt

Cabo Verde
Chile, Osterinsel
China
Chinas Osten
Costa Rica
Cuba

Dominikanische
  Republik
Dubai, Emirat

Ecuador,
  Galapagos
El Hierro
Erste Hilfe unterwegs

Fahrrad-Weltführer
Florida
Fuerteventura

Gomera
Gran Canaria
Guatemala

Havanna
Hawaii
Honduras
Hongkong, Macau,
  Kanton

Indien
  Norden
Indien
  Süden
Iran

Jemen
Jordanien

Kalifornien und
  USA Südwesten
Kalifornien, Süden
  und Zentrum
Kambodscha
Kamerun
Kanada, USA
Kanadas Maritime
  Provinzen
Kanadas Osten,
  USA Nordosten
Kanadas Westen, Alaska
Kapstadt – Garden
  Route (Südafrika)
Kapverdische Inseln
Kenia
Kerala (Indien)
Kreuzfahrtführer
Krügerpark – Kapstadt
  (Südafrika)

Ladakh, Zanskar
Lanzarote
La Palma
Laos
Lateinamerika
  BikeBuch
Libyen

Malaysia, Singapur,
  Brunei
Marokko
Mauritius, La Réunion
Mexiko
Mexiko kompakt
Mongolei
Motorradreisen
Myanmar

Namibia
Neuseeland BikeBuch
New Orleans
New York City

Oman
Outdoor-Praxis

Panama
Panamericana,
  Rad-Abenteuer
Peru, Bolivien
Peru kompakt
Phuket (Thailand)

Qatar
Queensland (Australien)

Rajasthan (Indien)

San Francisco
Senegal, Gambia
Singapur
Sri Lanka
St. Lucia, St. Vincent,
  Grenada
Südafrika
Südafrika: Kapstadt –
  Garden Route
Südafrika: Krügerpark –
  Kapstadt
Sydney
Syrien

Taiwan
Tansania, Sansibar
Teneriffa
Thailand
Thailand – Tauch- und Strandführer
Thailands Süden
Tokyo, Kyoto, Yokohama
Transsib
Trinidad und Tobago
Tunesien
Tunesiens Küste
Türkei, Hotelführer

Uganda, Ruanda
USA, als Gastschüler
USA, Canada
USA Nordosten, Kanada Osten,
USA Süden
USA Südwesten, Kalif., Baja California
USA, Südwesten, Natur u. Wandern
USA, Westen

Vereinigte Arabische Emirate
Vietnam

Westafrika – Sahel
Westafrika – Küste
Wo es keinen Arzt gibt

Yucatán, Chiapas (Mexiko)

Edition RKH

Abenteuer Anden
Durchgedreht – Sieben Jahre im Sattel
Inder, Leben und Riten
Myanmar – Land der Pagoden
Please wait to be seated
Rad ab!
Salzkarawane
Südwärts durch Lateinamerika
Taiga Tour
USA – Unlimited Mileage

Praxis

Aktiv Marokko
All inclusive?
Australien: Reisen/Jobben
Australien: Outback/Bush
Auto durch Südamerika
Ayurveda erleben
Buddhismus erleben
Canyoning
Clever buchen/fliegen
Daoismus erleben
Drogen in Reiseländern
Dschungelwandern
Expeditionsmobil
Fernreisen, Fahrzeug
Fliegen ohne Angst
Frau allein unterwegs
Früchte Asiens
Fun u. Sport im Schnee
Geolog. Erscheinungen
GPS f. Auto, Motorrad
GPS Outdoor
Handy global
Hinduismus erleben
Höhlen erkunden
Hund, Verreisen mit
Indien und Nepal, Wohnmobil
Internet für die Reise
Islam erleben
Kanu-Handbuch
Kartenlesen
Kommunikation unterw.
Konfuzianismus erleben
Kreuzfahrt-Handbuch
Küstensegeln
Maya-Kultur erleben
Mountainbiking
Mushing/Hundeschlitten
Neuseeland: Reisen und Jobben
Orientierung mit Kompass und GPS
Paragliding-Handbuch
Pferdetrekking
Radreisen
Reisefotografie
Reisefotografie digital
Reisen und Schreiben
Reiserecht
Respektvoll reisen
Safari-Handbuch Afrika
Schutz vor Gewalt und Kriminalität
Schwanger reisen
Selbstdiagnose unterwegs
Shopping Guide USA
Sicherheit Bärengeb.
Sicherheit am Meer
Sonne, Wind, Reisewetter
Sprachen lernen
Südamerika, Auto
Survival-Handbuch Naturkatastrophen
Tango in Buenos Aires
Tauchen Kaltwasser
Tauchen Warmwasser
Transsib – Moskau-Peking
Trekking-Handbuch
Trekking/Amerika
Trekking/Asien Afrika, Neuseeland
Tropenreisen

Praxis, KulturSchock

Unterkunft/Mietwagen
USA Shopping Guide
Volunteering
Vulkane besteigen
Wann wohin reisen?
Was kriecht u. krabbelt in den Tropen?
Wildnis-Ausrüstung
Wildnis-Backpacking
Wildnis-Küche
Winterwandern
Wohnmobil-Ausrüstung
Wohnmobil-Reisen
Wracktauchen
Wüstenfahren

KulturSchock

Ägypten
Argentinien
Australien
Brasilien
China, Taiwan
Cuba
Ecuador
Familenmanagement im Ausland
Golf-Emirate, Oman
Indien
Iran
Japan
Jemen
Kambodscha
Kaukasus
Laos
Leben in fremden Kulturen
Marokko
Mexiko
Pakistan
Peru
Russland
Thailand
Türkei
USA
Vietnam

Register

Bildnachweis

Fotos S. 74, 81, 141, 160:
© Kirstin Kabasci und Peter Franzisky
Alle übrigen Fotos:
© Kirstin Kabasci

Die Autorin

Kirstin Kabasci ist Arabien-Publizistin und hat sich als Reisebuchautorin und Fotografin auf die Länder der Arabischen Halbinsel spezialisiert (Vereinigte Arabische Emirate, Qatar, Bahrain, Oman, Jemen). Ihre praktischen Reisehandbücher und Urlaubsführer sind im Reise Know-How Verlag erschienen. Daneben hat sie für den Max Hueber Verlag ein für Anfänger konzipiertes audio-visuelles Selbstlehrbuch der arabischen Sprache verfasst. Zeitweise arbeitet Kirstin Kabasci auch als Reiseleiterin und Repräsentantin eines jemenitischen Reiseveranstalters. Zwischendurch studierte sie Islamwissenschaft.

Theorie und Realität ergänzen sich, denn praktisch erlebte und erlernte sie die Kultur und Lebenswelt des Islam während zahlreicher Arbeits- und Studienaufenthalte, Recherchen und Reisen vornehmlich in den verschiedenen Ländern Nordafrikas und der Arabischen Halbinsel. Im vergangenen Jahrzehnt hat sie Jemen zu ihrer zeitweiligen Wahlheimat auserkoren.

062ie Abb.: kf